中国語は英語と比べて学ぼう! 初級編

船田秀佳

IBCパブリッシング

カバーデザイン＝岩目地英樹（コムデザイン）
イラスト　　　＝加藤友佳子

本書は『中国語は英語と比べて学ぼう!』(国際語学社)に一部、加筆・訂正したものです。

はじめに

　少し前のニュースで、あるキャスターが「アメリカの大学で、中国語を第１外国語として学ぶ学生数が急激に増えている理由の１つは、英語と中国語が似ているためにアメリカ人が学びやすいからでしょう」と言っていました。

　どんな点が似ているのかの説明はありませんでしたが、確かに英語と中国語には似かよった点があるのは事実だと言えます。例えば、よく言われるのは、英語も中国語もいわゆるSVO型の言語に分類されるという点です。

　本書は、このSVO型で似ていると言われている2大言語「英語」と「中国語」について比較し、分かりやすく提示しようというコンセプトで書かれています。そして似ている点と違う点に注目しながら、中国語の力をつけ、日本語、英語、中国語の3カ国語トライリンガルになってしまおうという意図もあります。中国語を勉強する時に、中学や高校であるいは小学校で、せっかく学んだ英語の知識を活用しない手はありません。英語と中国語を比べながら力をつけるというやり方をぜひ取り入れてみてください。比較項目は厳選し80ポイントにしぼりました。英語と中国語の羅列や併記をするのではなく、しっかりと比較しながら学べるように配慮してあります。丁寧にお読みいただければ、２つの言語について新たな発見があることでしょう。

　なお、本書の作成には編集部の北川紘奈さんに大変お世話になりました。ここに感謝の意を表します。

　　　　　　　　　　　　　　　　　　　　　　　　　　　船田秀佳

英語と中国語の2大特徴

似てる？違う？

·········· 似てる ··········

❶ SVO文型

　英語も中国語もいわゆるSVO型の言語に分類されています。細かな点では異論はあるものの、"I drink wine." は"我喝葡萄酒。"（ウォー フー プータオチュウ）("喝"は「飲む」という動詞）に、"I love you."は"我爱你。"（ウォー アイ ニー）("爱"は「愛する」という動詞）にあたり、どちらも主語S+動詞V+目的語Oの構造になります。どちらの言語も、日本語の助詞「てにをは」がないため語順が重要になってきます。

☞ **詳しくは** 第2章へ

❷ 子音の発音

　英語と中国語では発音の仕方も似かよっている部分があります。特に、f , m , n , l , d , p , t , k の子音は、舌や唇の使い方、息の出し方までほぼ同じようにしても問題はありません。

☞ **詳しくは** 発音コラム②③④へ

・・・・・・・・・・・・・・ 違う ・・・・・・・・・・・・・・

❶ 語形変化

　英語では名詞を複数形にする時は、s や es などをつけて語形を変化させますが、中国語では漢字そのものが語形を変えることはありません。同じことは動詞についてもあてはまります。英語の"go"は"went" "will go" "have gone"と形を変えますが、"go"にあたる中国語の"去"は語形は同じままです。

> ☞ 詳しくは 第1・2・3章へ

❷ 中国語は音の高低で意味が違う

　音声面でも英語と中国語には違いがあります。英語では異なる語を使って意味を区別します。例えば「母親」は"mother"「馬」"horse" で、2つの語は全く別の音になります。しかし、中国語では、前者は "mā" (マー)、後者は "mǎ" (マー) と発音され、音の上がり下がり以外は全く同じ音になります。注意して聞いて発音しないと誤解が起こってしまいます。

> ※以上は英語と中国語を大まかに比較した際の特徴です。
> 　本文の80項目の比較ポイントで細かく見ていきましょう。

Contents

- 3 はじめに
- 4 英語と中国語の2大特徴
- 12 本書の構成と使い方

第1章 短いフレーズから比べてみよう

- 16 **1** 名詞の数え方① [量詞] 个
  「1個のリンゴ」
- 18 **2** 名詞の数え方② [量詞] 本
  「1冊の本」
- 20 **3** 名詞の数え方③ [量詞] 条
  「1匹の犬」
- 22 **4** 名詞の数え方④ [量詞] 杯
  「1杯のお茶」
- 24 **5** 名詞の数え方⑤ [量詞] 双
  「1足の靴」
- 26 **6** 名詞の数え方⑥ [指示代名詞] と [量詞]
  「この地図」
- 28 **7** 名詞の数え方⑦ [指示代名詞] と [量詞]
  「これらの机」
- 30 **8** 名詞の数え方⑧ [指示代名詞] と [量詞]
  「これらの2本の傘」
- 32 **9** 名詞の数え方⑨ [不特定複数＋可算名詞]
  「数冊の本」
- 34 **10** 名詞の数え方⑩ [不特定複数＋不可算名詞]（1）
  「少しの砂糖」
- 36 **11** 名詞の数え方⑪ [不特定複数＋不可算名詞]（2）
  「たくさんのお金」
- 38 **12** 「〜の…」① [所有格] と [助詞] 的
  「私の携帯電話」

40	13	「〜の…」②[所有格]と[助詞]的 の省略 「私の母」
42	14	「〜の」③[所有代名詞]と[助詞]的 「私のもの」
44	15	「〜と…」①[接続詞]andと和 「あなたと私」
46	16	「〜と…」②[接続詞]andと和 「彼と彼女と私」
48	17	「〜な…」[形容詞＋名詞] 「大きな店」
50	18	動詞の用い方① playと打 「野球をする」
52	19	動詞の用い方② goと去 「バスで行く」
54	20	動詞の用い方③ go and seeと去看 「映画に行く」

56 会話 決まり文句①「日常のあいさつ」「初対面のあいさつ」

58 中国語 外来語トリビア①「パソコン」「スポーツ」

60 英語と中国語 発音コラム①「複母音・鼻母音って何?」

第2章 主語+述語の文を比べてみよう

62	21	be動詞と是 ①[肯定] 「私は日本人です」
64	22	be動詞と是 ②[否定] 「私は中国人ではありません」
66	23	be動詞と是 ③[疑問] 「あなたは韓国人ですか」
68	24	be動詞と是 ④[答え方] 「はい」「いいえ」
70	25	be動詞と是 ⑤[省略] 「今日は月曜日です」

72	26	**SVO文型①**「私はあなたを愛しています」
74	27	**SVO文型②**「彼は歌を歌います」
76	28	**SVA文型①**「彼は銀行に勤めています」
78	29	**SVA文型②**「彼は2時間歩きました」
80	30	**SVOO文型**「彼は彼らに英語を教えています」
82	31	**SVOC文型**「この知らせに私たちはとてもうれしくなりました」
84	32	**否定文①[現在]**「私はテレビを見ません」
86	33	**否定文②[現在]**「私は炒飯を食べませんでした」
88	34	**疑問文①[現在]**「あなたはピアノを弾きますか」
90	35	**疑問文①に対する答え方**「はい」「いいえ」
92	36	**疑問文②[過去]**「あなたはウイスキーを2本買いましたか」
94	37	**疑問文②に対する答え方**「はい」「いいえ」
96	38	**be動詞と在**「雑誌は机の上にあります」
98	39	**There構文と有①**「壁に地図が1枚あります」
100	40	**There構文と有②**「木の下に犬が1匹います」
102	41	**haveと有①**「私には子供が2人います」

Contents

104 **42** haveと 有②
「1年は12ヵ月あります」

106 会話 決まり文句②「日時」「受け答え」

108 中国語 外来語トリビア②「食べ物」「飲み物」

110 英語と中国語 発音コラム②「英語と中国語の子音は似ている!」

第3章 時制・疑問詞などを見てみよう

112 **43** [様態補語]
「彼女はとても速く走ります」

114 **44** [時制] 過去①
「私は昨日、本を3冊読みました」

116 **45** [時制] 過去②
「昨日は木曜日でした」

118 **46** [時制] 現在完了①
「私はフランス語を勉強して8年になります」

120 **47** [時制] 現在完了②
「私はカナダに2回行ったことがあります」

122 **48** [時制] 未来①
「私たちはこの問題を解決するでしょう」

124 **49** [時制] 未来②
「いつまでも君のことを愛しているよ」

126 **50** [指示代名詞] 単数
「これはパソコンです」

128 **51** [指示代名詞] 複数
「これらは私の本です」

130 **52** [人称代名詞]の用い方
「私の言っていることがわかりますか」

132 **53** [形容詞] 叙述①
「私はとても忙しいです」

134 **54** [副詞] 叙述②
「この博物館はとても大きいです」

136	55	[疑問詞] who と 谁 「彼は誰ですか」
138	56	[疑問詞] whose と 谁的 「これは誰の傘ですか」
140	57	[疑問詞] what と 什么 「これは何ですか」
142	58	any と[疑問詞] 什么 「何か質問はありますか」
144	59	[疑問詞] when と 什么时候 「映画はいつ始まりますか」
146	60	[疑問詞] where と 哪儿 「彼はどこにいますか」
148	61	[疑問詞] why と 为什么 「あなたはなぜ英語を勉強しているのですか」
150	62	[疑問詞] how と 怎么 「地下鉄の駅へはどうやって行きますか」

152 会話 決まり文句③「疑問詞文」「自己紹介(1)」
154 中国語外来語 トリビア③「ファッション」「身だしなみ」
156 英語と中国語 発音コラム③「有気音って何?」

第4章 助動詞やさまざまな文を見てみよう

158	63	[助動詞] can と 会 「私は中国語を少し話すことができます」
160	64	[助動詞] can と 能 「私は1万メートル泳ぐことができます」
162	65	[助動詞] should と 应该 「あなたは彼女を助けるべきです」
164	66	[助動詞] may と 可以 「入ってもいいですよ」
166	67	would like to と [助動詞] 想 「私はギョーザを食べたいです」

Contents

168 **68** have to と [助動詞] 得
「私はこの本を読まなければなりません」

170 **69** [進行形]「be＋動詞ing」と「在＋動詞」
「私は音楽を聞いています」

172 **70** [命令文] please と 请
「お座りください」

174 **71** [命令文] don't と 不要／別
「タバコを吸ってはいけません」

176 **72** [不定詞] と [連動文]
「私には住む家があります」

178 **73** [関係代名詞] と [名詞の修飾] 的
「これはジョンが建てた家です」

180 **74** [前置詞] for と 给／to と 对・到／from と 从・离
「私は父にネクタイを1本買いました」

182 **75** [強調構文] 是…的
「私は飛行機で行ったのです」

184 **76** [比較] than と 比
「メアリーはジャックより背が高いです」

186 **77** [受動態] by と 被
「ジョンは犬に嚙まれました」

188 **78** [副詞] again と 再／又
「もう一度言ってください」

190 **79** 「it＋動詞」と[存現文]「動詞＋目的語」
「雨が降っています」

192 **80** 「主語＋述語」と[主述述語文]「主題＋叙述」
「私の母は体が元気です」

194 会話 決まり文句④「自己紹介(2)」「食事」

196 中国語 外来語トリビア④「企業名」「都市名」

198 英語と中国語 発音コラム④「中国語のそり舌音は英語に似ている!」

199 日本語―英語―中国語 単語集

本書の構成と使い方

【本文のページ】

英語と中国語の比較解説が付いているよ。【似てる!】部分と【違う!】部分をわかりやすくするために分けて解説したよ。

英語と中国語を比べて、構造がわかりやすいように、図示しているよ。中国語にはピンインと発音の目安としてカタカナ表記もしておいたよ。

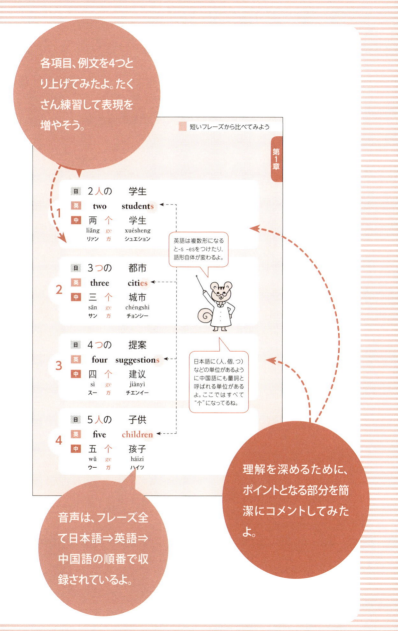

【会話 決まり文句①〜④】 p.56〜 p.106〜 p.152〜 p.194〜

　日常で使うごくごく簡単なフレーズを、英語と中国語両方言ってみましょう。中にはすぐに言えないものもあるかもしれませんが、丸ごと覚えてしまいましょう。

【中国語 外来語トリビア①〜④】 p.58〜 p.108〜 p.154〜 p.196〜

　中国語の外来語は、英語の発音を中国語にそのまま置き換えたものや、発音と意味の両方を漢字で表現したものなど、さまざまです。漢字を見て意味を想像するだけでも楽しいですよ。

【英語と中国語 発音コラム①〜④】 p.60, p.110, p.156, p.198

　英語と中国語の発音についてのコラムです。知っている英単語を発音して、中国語の発音をとらえることも1つの方法です。

【日本語―英語―中国語 単語集】 p.199〜

　日常でよく使う単語を30ジャンル各15単語集めました。英語と中国語を合わせて覚えましょう。

【CDについて】

本文のフレーズと
会話 決まり文句がすべて
日本語⇒英語⇒中国語
で収録されています。

第 1 章

短いフレーズから
比べてみよう

この章では、句(フレーズ)の単位で
英語と中国語を比較します。
まずは「名詞の数え方」から
単語と単語の組み合わせを見ていきましょう。

1 名詞の数え方① [量詞] 个

「1個のリンゴ」

英語

不定冠詞　数詞　　　　　　　　名詞

an / one　　apple

中国語

数詞　　　量詞　　名詞

一　个　苹果

yí　　ge　　píngguǒ
イー　　ガ　　ピンクオ

似てる!

- 英語でも中国語でも人や物の数を数える時は、数詞のあとに名詞がきます。不特定の1つを表す英語の不定冠詞(a, an)及び数の1は、中国語の"一"にあたります。

違う!

- 中国語では数詞のあとに量詞"个"(人、物、概念など広く使われます)を用い、数詞＋量詞＋名詞の語順になりますが、英語では数詞のあとにむき出しの名詞を置きます。また、英語では名詞の複数は"-s""-es"や語形(menなど)で示されますが、中国語では単数でも複数でも名詞の語形は同じです。

比較して覚えよう

短いフレーズから比べてみよう

第1章

1
- 日 2人の 学生
- 英 **two students**
- 中 两 个 学生
  liǎng ge xuésheng
  リァン ガ シュエション

英語は複数形になると-s -esをつけたり、語形自体が変わるよ。

2
- 日 3つの 都市
- 英 **three cities**
- 中 三 个 城市
  sān ge chéngshì
  サン ガ チョンシー

3
- 日 4つの 提案
- 英 **four suggestions**
- 中 四 个 建议
  sì ge jiànyì
  スー ガ チエンイー

日本語に（人、個、つ）などの単位があるように中国語にも量詞と呼ばれる単位があるよ。ここではすべて"个"になってるね。

4
- 日 5人の 子供
- 英 **five children**
- 中 五 个 孩子
  wǔ ge háizi
  ウー ガ ハイツ

2　名詞の数え方② ［量詞］本

「1冊の本」

英語

不定冠詞　数詞　　　　　　　　名詞

a / one　　　　　　　**book**

中国語

数詞　　　　量詞　　　名詞

一　　　**本**　　　**书**

yì　　　běn　　　shū
イー　　　ペン　　　シュー

違う!

- "本"は書籍や雑誌類を数える時に用いる量詞です。中国語ではこのように名詞によって量詞を使い分けます。量詞は物の形の特徴を表しています。これは中国人の話し手が物をどのような共通の特徴に基づいて分類しているのかを示しています。
- "本"は、ちょうど日本語の「本2冊」「ノート5冊」の「冊」にあたると考えればいいでしょう。中国語の量詞と日本語の物を数える言葉を比較してみれば、面白い発見があるはずです。

短いフレーズから比べてみよう

比較して覚えよう

第1章

1
- 日 1冊の 辞書
- 英 a / one dictionary
- 中 一 本 词典
  yì běn cídiǎn
  イー ペン ツーティエン

> 英語は複数形になると-s -esをつけたり、語形自体が変わるよ。

2
- 日 2冊の 雑誌
- 英 two magazine**s** ←
- 中 两 本 杂志
  liǎng běn zázhì
  リャン ペン ツァーヂー

3
- 日 3冊の アルバム
- 英 three album**s** ←
- 中 三 本 影集
  sān běn yǐngjí
  サン ペン インチー

> 中国語は数詞だけで複数形を表していることがわかるね。

4
- 日 4冊の 教科書
- 英 four textbook**s** ←
- 中 四 本 课本
  sì běn kèběn
  スー ペン クーペン

3 名詞の数え方③ [量詞] 条

「1匹の犬」

英語

不定冠詞　数詞　　　　　　　　　名詞

a / one　　　　　　　　　　**dog**

中国語

数詞　　　　量詞　　　　名詞

一　　　**条**　　　**狗**

yì　　　tiáo　　　gǒu
イー　　　ティアオ　　　コウ

違う!

- "条"は細長い物を数える時に用いる量詞です。中国語では先ほどの説明のように、物の形に注目して名詞を分類します。
- 日本語では「本」が細長い物を数える時に使われています。例えば、野球の「ホームラン1本」、サッカーの「シュート2本」では長い軌道がイメージできます。また、「論文1本」では文字数の多さが長さとして感じられます。「3本立て映画」「60分3本勝負」には時間の長さが表れています。

短いフレーズから比べてみよう

比較して覚えよう

1
- 日: 1本の 河
- 英: a / one river
- 中: 一 条 河
  yì tiáo hé
  イー ティアオ フー

> 2の「匹」は、中国語では魚は細長いもの、ということで"条"を使うよ。fishは複数でも変化しないよ。

2
- 日: 2匹の 魚
- 英: two fish
- 中: 两 条 鱼
  liǎng tiáo yú
  リャン ティアオ ユィー

3
- 日: 3本の タオル
- 英: three towels
- 中: 三 条 毛巾
  sān tiáo máojīn
  サン ティアオ マオチン

> 1, 3, 4は日本語の「本」からは細長さが感じられるね。中国語も細長い物を数える"条"を使うよ。

4
- 日: 4本の 道
- 英: four roads
- 中: 四 条 路
  sì tiáo lù
  スー ティアオ ルー

第1章

4 名詞の数え方④ [量詞] 杯

「1杯のお茶」

英語

不定冠詞	名詞	前置詞	名詞
a	cup	of	tea

中国語

数詞	量詞		名詞
一	杯		茶
yì	bēi		chá
イー	ベイ		チャー

似てる!

- 英語でも中国語でも、液体のように切れ目のない物を数えるには容器を使います。
- 英語の"cup"(茶碗、カップ)、"glass"(グラス)はともに中国語の"杯"(コップ、グラス、盃)にあたります。

違う!

- 英語では容器自体も複数形になりますが、中国語では容器の語形は変わりません。

  例: **two cup<u>s</u> of tea**　両 杯 茶

短いフレーズから比べてみよう

比較して覚えよう

第1章

1
- 日　1杯の　コーヒー
- 英　a cup of coffee
- 中　一　杯　　咖啡
　　　yì　bēi　　kāfēi
　　　イー　ベイ　カーフェイ

> 1, 2, 4は容器で数えているね。"碗"は「茶碗」「お碗」の「碗」と同じ漢字だよ。

2
- 日　2杯の　　水
- 英　two glasses of water
- 中　两　杯　　水
　　　liǎng　bēi　shuǐ
　　　リャン　ベイ　シュイ

3
- 日　3本の　ワイン
- 英　three bottles of wine
- 中　三　瓶　　葡萄酒
　　　sān　píng　pútaojiǔ
　　　サン　ピン　プータオチュウ

> 3は瓶で数えているね。"瓶"は日本語の「瓶」と同じ漢字だね。

4
- 日　4杯の　ご飯
- 英　four bowls of rice
- 中　四　碗　　饭
　　　sì　wǎn　　fàn
　　　スー　ワン　ファン

5 名詞の数え方⑤ [量詞] 双

「1足の靴」

英語

不定冠詞	名詞	前置詞	名詞
a	pair	of	shoes

中国語

数詞	量詞		名詞
一	双		鞋
yì	shuāng		xié
イー	シュワン		シエ

似てる!

- 英語でも中国語でも、対になった物を数える表現があります。英語の"pair"(ひと組)は中国語の"双"(2つの)にあたります。
- 日本語でも同じ漢字で「双」は「屏風(びょうぶ) 1 双」のように使われています。

違う!

- 英語では"pair"も複数形になりますが、中国語では"双"の語形は変わりません。

　　例：**two pair<u>s</u> of shoes**　　两 双 鞋

短いフレーズから比べてみよう

比較して覚えよう

1
- 日 1足の 靴下
- 英 a pair of socks
- 中 一 双 袜子
  yì shuāng wàzi
  イー シュワン ワーツ

1, 2, 4は"ひと組"で使われるものだということがわかるね。

2
- 日 2つの 手袋
- 英 two pairs of gloves
- 中 两 双 手套
  liǎng shuāng shǒutào
  リャン シュワン ショウタオ

3
- 日 3台の メガネ
- 英 three pairs of glasses
- 中 三 副 眼镜
  sān fù yǎnjìng
  サン フー イェンチン

3はメガネ自体は1つだけど、レンズが左右必要だね。

4
- 日 4膳の 箸
- 英 four pairs of chopsticks
- 中 四 双 筷子
  sì shuāng kuàizi
  スー シュワン クワイツ

6 名詞の数え方⑥　[指示代名詞]と[量詞]

「この地図」

英語

指示代名詞　　　　　　　　　　　　　　名詞

this　　　　　　　　　　　　**map**

中国語

指示代名詞　　　　量詞　　　　　名詞

这　　　　**张**　　　　**地图**
zhè　　　　zhāng　　　　dìtú
チャー　　　チャン　　　ティートゥー

似てる！

● 英語にも中国語にも話し手にとって心理的に近い物を指す「この」、遠い物を指す「あの」の言い方があります。英語の"this"（この）"that"（あの）は中国語の"这"、"那"にあたります。

違う！

● 英語では"this/that"のあとに名詞を直接置きますが、中国語では"这/那"のあとに量詞が必要です。ここでは"张"という平らな物を数える時に使う量詞を使っています。

短いフレーズから比べてみよう

第1章

比較して覚えよう

1
- 日: この　帽子
- 英: this　hat
- 中: 这 顶　帽子
  - zhè dǐng　màozi
  - チャー ティン　マオツ

2
- 日: この　腕時計
- 英: this　watch
- 中: 这 块　手表
  - zhè kuài　shǒubiǎo
  - チャー クワイ　ショウピャオ

3
- 日: あの　カメラ
- 英: that　camera
- 中: 那 架　照相机
  - nà jià　zhàoxiàngjī
  - ナー チャー　チャオシャンチー

4
- 日: あの　車
- 英: that　car
- 中: 那 辆　汽车
  - nà liàng　qìchē
  - ナー リャン　チーチャー

> 1, 2, 3, 4 すべて"这"か"那"のあとに量詞が置かれているね。

> 量詞の意味は、
> "顶"（とんがりのある物）
> "块"（かたまり状の物）
> "架"（機械類）
> "辆"（乗り物類）　だよ。

7 名詞の数え方⑦ [指示代名詞]と[量詞]

「これらの机」

英語

指示代名詞
these

名詞
desks

中国語

指示代名詞
这些
zhèxiē
チャーシエ

名詞
桌子
zhuōzi
チュオーツ

似てる!

- 第6課の話し手にとって心理的に近い物を指す「この」、遠い物を指す「あの」の複数形の言い方です。英語の"these"(これら)、"those"(あれら)は中国語の"这些"、"那些"にあたります。
- 名詞が単数の場合は中国語では量詞が使われて、"这/那"+量詞+名詞の語順でしたが、名詞が複数の時は、"这些"、"那些"のあとには直接名詞が来ます。この点は英語と同じです。

違う!

- 「これら」「あれら」を表すのに英語では1語ですが、中国語では指示代名詞"这""那"のあとに量詞"些"がつき1語になっています。

短いフレーズから比べてみよう

比較して覚えよう

第1章

1
- 日 これらの 自転車
- 英 these bicycles
- 中 这些 自行车
  zhèxiē　zìxíngchē
  チャーシエ　ツーシンチャー

2
- 日 これらの 飛行機
- 英 these airplanes
- 中 这些 飞机
  zhèxiē　fēijī
  チャーシエ　フェイチー

> 英語は名詞を複数形にするのを忘れないようにね。

3
- 日 あれらの 椅子
- 英 those chairs
- 中 那些 椅子
  nàxiē　yǐzi
  ナーシエ　イーツ

> 中国語は"这些""那些"のすぐあとに名詞が来ているね。

4
- 日 あれらの 大学生
- 英 those college students
- 中 那些 大学生
  nàxiē　dàxuéshēng
  ナーシエ　ターシュエション

8 名詞の数え方⑧ [指示代名詞]と[量詞]

「これらの2本の傘」

英語

指示代名詞	数詞	名詞
these	two	umbrellas

中国語

指示代名詞	数詞	量詞	名詞
这	两	把	雨伞
zhè	liǎng	bǎ	yǔsǎn
チャー	リャン	バー	ユィーサン

似てる!

● 話し手にとって心理的に近い物を指す「これら」、遠い物を指す「あれら」の指示代名詞と2以上の"数詞"が一緒になって複数の物を数える言い方です。英語でも中国語でも指示代名詞のあとに数詞と名詞が置かれます。

違う!

● 英語では"these"、"those"が使われますが、"中国語では"这些"、"那些"は用いず、"这/那"＋数詞＋量詞＋名詞の語順になります。これは大きな違いです。

短いフレーズから比べてみよう

比較して覚えよう

第1章

1
- 日 これらの 3通の手紙
- 英 these three letters
- 中 这 三 封 信
  zhè sān fēng xìn
  チャー サン フォン シン

> 1, 2は"这"＋数詞＋量詞＋名詞の語順だね。

2
- 日 これらの 4頭の馬
- 英 these four horses
- 中 这 四 匹 马
  zhè sì pǐ mǎ
  チャー スー ピー マー

> 3, 4は"那"＋数詞＋量詞＋名詞の語順だね。

3
- 日 あれらの 5台のパソコン
- 英 those five PCs
- 中 那 五 台 电脑
  nà wǔ tái diànnǎo
  ナー ウー タイ ティエンナオ

4
- 日 あれらの 6人の人
- 英 those six people
- 中 那 六 个 人
  nà liù ge rén
  ナー リュウ ガ レン

9 名詞の数え方⑨ ［不特定複数＋可算名詞］

「数冊の本」

英語

不定冠詞　形容詞　　　　　　　　　　名詞

a few　　　books

中国語

数詞　　　　　量詞　　　　　名詞

几　　本　　书
jǐ　　　běn　　　shū
チー　　ペン　　　シュー

似てる！
● 「いくつか」「いくらか」のように、数を特定しないで複数の物や人を表す言い方です。普通は"几"は10までの数について、"a few"は3から8くらいまでの数について使われます。

違う！
● 英語の "a few" は後ろに来る名詞によって数の幅が広がります。a few kings(王様)なら3か4ですが、a few raindrops(雨だれ)/tea leaves(茶の葉)なら30か40です。
　(B.L. Whorf, *Language, Thought, and Reality*, The MIT Press, 1956, p.259)
● 中国語の場合は、"几"＋量詞＋名詞の語順になります。

短いフレーズから比べてみよう

比較して覚えよう

1
- 日 数人の 学生
- 英 a few students
- 中 几 个 学生
  jǐ ge xuésheng
  チー ガ シュエション

> "几"+量詞+名詞の語順になっているね。

2
- 日 数台の 車
- 英 a few cars
- 中 几 辆 汽车
  jǐ liàng qìchē
  チー リャン チーチャー

3
- 日 数本の ビール
- 英 a few bottles of beer
- 中 几 瓶 啤酒
  jǐ píng píjiǔ
  チー ピン ピーチュウ

> この課の"几"の品詞は数詞だよ。「何人?いくつ?」などの疑問代名詞ではないよ。

4
- 日 数杯の コーヒー
- 英 a few cups of coffee
- 中 几 杯 咖啡
  jǐ bēi kāfēi
  チー ベイ カーフェイ

第1章

10 名詞の数え方⑩　[不特定複数＋不可算名詞] (1)

「少しの砂糖」

英語

不定冠詞　形容詞　　　　　　　　名詞

a　little　　　　　sugar

中国語

量詞　　　　　　　　名詞

一些　　　　　糖
yìxiē　　　　　táng
イーシエ　　　　タン

似てる!

- 数えられない名詞について「少し」「いくらか」と量的に表す言い方です。
- 量詞の"一些"(数詞"一"と量詞"些"の結びついたもの)には、その他に"a bit of"、"some"などの訳語もあてられています。

違う!

- "一些"は数えられる名詞にも使えます。例えば"一些书"は"几本书"と同じく"a few books"という意味です。しかし"a little"は数えられる名詞には用いられません。

比較して覚えよう

短いフレーズから比べてみよう

第1章

1
- 日 少しの　パン
- 英 some　bread
- 中 一些　面包
  - yìxiē　miànbāo
  - イーシエ　ミエンパオ

英語では"bread"も"brandy"も複数形にはならないね。

2
- 日 少しの　ブランデー
- 英 some　brandy
- 中 一些　白兰地
  - yìxiē　báilándì
  - イーシエ　パイランティー

3
- 日 いくつかの　イチゴ
- 英 some　strawberries
- 中 一些　草莓
  - yìxiē　cǎoméi
  - イーシエ　ツァオメイ

some、a few などすべて"一些"で表せるよ。便利だね。

4
- 日 数冊の　雑誌
- 英 a few　magazines
- 中 一些　杂志
  - yìxiē　zázhì
  - イーシエ　ツァーヂー

11 名詞の数え方⑪ [不特定複数＋不可算名詞] (2)

「たくさんのお金」

英語

不定冠詞	名詞	前置詞	名詞
a	lot	of	money

中国語

副詞	形容詞	名詞
很	多	钱
hěn	duō	qián
ヘン	トゥオ	チエン

似てる!

- 英語でも中国語でも、名詞について「たくさん」「多い」と、数量は限定しないで多さを表す言い方があります。
- "很多"のほかに、"不少" bù shǎoも英語の"many"、"much"、"a lot of"の訳語として使われています。"很多"も"a lot of"も、数えられる名詞（可算名詞）、数えられない名詞（不可算名詞）のいずれにも用いることができます。

短いフレーズから比べてみよう

比較して覚えよう

第1章

1
- 日 たくさんの 日本人
- 英 a lot of Japanese
- 中 很 多　日本人
   hěn duō　Rìběnrén
   ヘン トゥオ　リーペンレン

> "Japanese"は英語でも複数形にならないね。

2
- 日 たくさんの アメリカ人の友達
- 英 many American friends
- 中 很 多　美国　朋友
   hěn duō　Měiguó péngyou
   ヘン トゥオ　メイクオ　ポンヨウ

3
- 日 たくさんの バナナ
- 英 a lot of bananas
- 中 不 少　香蕉
   bù shǎo　xiāngjiāo
   プー シャオ　シアンチャオ

> "不少"は「少なくない」つまり「たくさん」という意味だよ。

4
- 日 たくさんの 政策
- 英 many policies
- 中 不 少　政策
   bù shǎo　zhèngcè
   プー シャオ　チェンツァー

12 「〜の…」① [所有格]と[助詞] 的

「私の携帯電話」

英語

所有格

人称代名詞　　　　　　　　　　　　名詞

my　　　　　　　　**cellphone**

中国語

人称代名詞　　助詞　　　　　　　　名詞

我　　**的**　　　　**手机**
wǒ　　de　　　　　shǒujī
ウォー　　ダ　　　　　ショウチー

似てる!

● 英語でも中国語でも、人称代名詞の所有格＋名詞の語順で、人や物の所属場所を表しています。

違う!

● 英語では人称代名詞の所有格(my, our, your, your, his, her, their, its)が使われますが、中国語では人称代名詞のあとに助詞の"的"を置いて所有格を作ります。"的"は日本語の助詞「の」にあたります。

短いフレーズから比べてみよう

比較して覚えよう

第1章

1
- 日 私の デジカメ
- 英 my digital camera
- 中 我 的 数码 相机
  wǒ de shùmǎ xiàngjī
  ウォー ダ シューマー シアンチー

2
- 日 彼の 辞書
- 英 his dictionary
- 中 他 的 词典
  tā de cídiǎn
  ター ダ ツーティエン

> 人称代名詞＋"的"の語順になっているね。

3
- 日 彼女のイヤリング
- 英 her earrings
- 中 她 的 耳环
  tā de ěrhuán
  ター ダ アーホワン

4
- 日 彼らの 問題
- 英 their problem
- 中 他们 的 问题
  tāmen de wèntí
  ターメン ダ ウェンティー

> "他们"は"他"の複数だけど、男女混合の複数にも使えるよ。

39

13 「～の…」② [所有格]と[助詞]的の省略

「私の母」

英語

所有格

人称代名詞
my

名詞
mother

中国語

人称代名詞
我
wǒ
ウォー

名詞
妈妈
māma
マーマ

違う!

- 中国語では人称代名詞のあとに家族や所属関係を表す名詞が来る時は、助詞の"的"を省略することができます。
- ただし、省略する場合としない場合とではニュアンスの違いがあります。前者では、名詞そのもの（妈妈）に焦点が置かれます。一方、後者では、所属に力点が置かれます。英語では人称代名詞（my）に強勢を置いて発音すれば、所属を強調することができます。

短いフレーズから比べてみよう

比較して覚えよう

第1章

1
- 日 私の 父
- 英 my father
- 中 我 爸爸
  wǒ bàba
  ウォー パーパ

1, 2は家族関係を表しているね。

2
- 日 彼の 姉
- 英 his older sister
- 中 他 姐姐
  tā jiějie
  ター チエチエ

3
- 日 私たちの 学校
- 英 our school
- 中 我们 学校
  wǒmen xuéxiào
  ウォーメン シュエシャオ

3, 4は所属関係を表しているね。

4
- 日 彼らの 工場
- 英 their factory
- 中 他们 工厂
  tāmen gōngchǎng
  ターメン コンチャン

41

14 「〜の…」③ [所有代名詞]と[助詞] 的

「私のもの」

英語

所有代名詞

人称代名詞

mine

中国語

人称代名詞　助詞

我　的
wǒ　de
ウォー　ダ

似てる!

● 英語でも中国語でも「…のもの」という意味を人称代名詞を使って表しています。

違う!

● 英語では独立した所有代名詞 (mine, ours, yours, yours, his, hers, theirs) が使われます。一方、中国語では第13課の「人称代名詞＋助詞"的"」の形をそのまま用いることができます。つまり「…の」と「…のもの」は、語形はまったく同じということになります。

短いフレーズから比べてみよう

比較して覚えよう

第1章

1
- 日 あなたのもの
- 英 yours
- 中 你的
  nǐ de
  ニー ダ

> 1，2は「単数を表す人称代名詞＋的」だね。

2
- 日 彼のもの
- 英 his
- 中 他的
  tā de
  ター ダ

3
- 日 私たちのもの
- 英 ours
- 中 我们的
  wǒmen de
  ウォーメン ダ

> 3，4は「複数を表す人称代名詞＋的」だね。

4
- 日 彼らのもの
- 英 theirs
- 中 他们的
  tāmen de
  ターメン ダ

43

15 「〜と…」① [接続詞] andと和

「あなたと私」

英語

人称代名詞	接続詞	人称代名詞
you	**and**	**I**

中国語

人称代名詞	接続詞	人称代名詞
你	和	我
nǐ	hé	wǒ
ニー	フー	ウォー

似てる!

● 2つの対等のものを結び付ける接続詞の用法です。英語の"and"は中国語の"和"にあたります。それぞれ人や物を並べて提示する時に使うことができます。

違う!

● 英語では「私とあなた」も"you and I"になり、"I"を後ろに置きます。ところが中国語では、「私とあなた」をそのまま並べて"我和你"になります。英語の語順に注意しましょう。

比較して覚えよう

短いフレーズから比べてみよう

第1章

1
- 日 私 と 彼
- 英 he and I
- 中 我 和 他
  wǒ hé tā
  ウォー フー ター

> 1は、英語では"I"が後ろに来ているね。

2
- 日 父 と 母
- 英 father and mother
- 中 爸爸 和 妈妈
  bàba hé māma
  パーパ フー マーマ

3
- 日 ジョン と メアリー
- 英 John and Mary
- 中 约翰 和 玛丽
  Yuēhàn hé Mǎlì
  ユエハン フー マーリー

> 4は物と物を並べているけど、英語も中国語も同じ語順だよ。

4
- 日 リンゴ2個 と オレンジ3個
- 英 two apples and three oranges
- 中 两个 苹果 和 三个 橙子
  liǎng ge píngguǒ hé sān ge chéngzi
  リャン ガ ピンクオ フー サン ガ チェンツ

16 「〜と…」② [接続詞] and と 和

「彼と彼女と私」

英語

人称代名詞	人称代名詞	接続詞	人称代名詞
he,	she	and	I

中国語

人称代名詞	人称代名詞	接続詞	人称代名詞
他、	她	和	我
tā	tā	hé	wǒ
ター	ター	フー	ウォー

似てる!

- 3つ以上の対等のものを結び付ける接続詞の用法です。英語でも中国語でも同じ部類の人や物を並べることができます。その際、どちらの言語でも、日本語の1番目の「と」にあたるものは省略します。その際、英語では","を、中国語では"、"を使います。
- また、英語の"and"も中国語の"和"も、最後にあげられている語の前に置かれます。

短いフレーズから比べてみよう

比較して覚えよう

第1章

1
- 日 兄と弟と私
- 英 older brother, younger brother and I
- 中 哥哥、弟弟 和 我
  gēge,　dìdi　hé　wǒ
  カーカ　ティーティ　フー　ウォー

2
- 日 犬2匹と猫3匹と馬4頭
- 英 two dogs, three cats and four horses
- 中 两 条 狗、三 只 猫、和 四 匹 马
  liǎng tiáo gǒu　sān zhī māo　hé sì pǐ mǎ
  リャン ティアオ コウ　サン チー マオ　フー スー ピー マー

3
- 日 英語と中国語と日本語
- 英 English, Chinese and Japanese
- 中 英语、汉语 和 日语
  Yīngyǔ,　Hànyǔ　hé　Rìyǔ
  インユィ　ハンユィ　フー　リーユィ

4つの語も並べることができるよ。

4
- 日 北京と上海と香港と武漢
- 英 Beijing, Shanghai, Hong Kong and Wuhan
- 中 北京、上海、香港 和 武汉
  Běijīng, Shànghǎi, Xiānggǎng hé Wǔhàn
  ペイチン シャンハイ シャンカン フー ウーハン

17 「〜な…」[形容詞] + [名詞]

「大きな店」

英語

不定冠詞　形容詞　　　　　　名詞

a　big　　　store

中国語

形容詞　　　　　　名詞

大　　　商店
dà　　　shāngdiàn
ター　　　シャンティエン

似てる！

● 人や物の性質や状態を表す時は、英語も中国語も「形容詞＋名詞」の語順になります。

違う！

● 中国語では形容詞と名詞の種類によって"的"を使わなければならない場合があります。それは、「2音節(漢字2つ)の形容詞＋単音節(漢字1つ)の名詞」の場合と「形容詞を重ねる重ね型の形容詞＋名詞」の場合です。「2音節の形容詞＋2音節の名詞」の場合は間に"的"が必要な場合と省略できる場合があります。

比較して覚えよう

短いフレーズから比べてみよう

第1章

1
- 日 冷たい 水
- 英 cold water
- 中 冷 水
  lěng shuǐ
  ロン シュイ

> 1、2
> 1音節(漢字1つ)の形容詞はそのまま名詞を修飾できるよ。

2
- 日 長い スカート
- 英 a long skirt
- 中 长 裙子
  cháng qúnzi
  チャン チュンツ

3
- 日 おいしい 料理
- 英 a delicious dish
- 中 好吃 的 菜
  hǎochī de cài
  ハオチー ダ ツァイ

> "好吃"は2音節(漢字2つ)の形容詞だよ。

4
- 日 真っ赤な リンゴ
- 英 a bright red apple
- 中 红红 的 苹果
  hónghóng de píngguǒ
  ホンホン ダ ピンクオ

> "红红"は重ね型の形容詞だから"的"が必要だよ。

18 動詞の用い方① play と 打

「野球をする」

英語

動詞
play

名詞
baseball

中国語

動詞
打
dǎ
ター

名詞
棒球
bàngqiú
パンチュウ

似てる!

- 英語でも中国語でも「競技をする」「楽器を演奏する」などという時は、動詞＋目的語の語順です。

違う!

- 英語では競技にも楽器にも"play"という動詞が使われますが、中国語では競技別にまた楽器別に動作をイメージできる動詞をそれぞれ用います。ボールを打つ競技にはたいてい"打"が使われます。※用例は右ページ。

比較して覚えよう

短いフレーズから比べてみよう

第1章

"打"は以下のスポーツにも使えるよ。
テニス（网球 wǎngqiú）
バレーボール（排球 páiqiú）
バスケットボール（篮球 lánqiú）
バドミントン（羽毛球 yǔmáoqiú）
ゴルフ（高尔夫球 gāo'ěrfūqiú）

1
- 日 卓球をする
- 英 play ping-pong
- 中 打　乒乓球
  - dǎ　pīngpāngqiú
  - ター　ピンパンチュウ

2
- 日 サッカーをする
- 英 play soccer
- 中 踢　足球
  - tī　zúqiú
  - ティー　ツーチュウ

サッカーのボールは足で蹴るので「蹴る」という意味の"踢"が使われているね。

3
- 日 ギターを弾く
- 英 play the guitar
- 中 弹　吉它
  - tán　jítā
  - タン　チーター

指を使う楽器には"弹"を使うよ。ピアノ（钢琴 gāngqín）も同じ。英語は楽器一般という意味で"the"が必要だよ。

4
- 日 バイオリンを弾く
- 英 play the violin
- 中 拉　小提琴
  - lā　xiǎotíqín
  - ラー　シャオティーチン

弦楽器には"拉"を使うよ。

19 動詞の用い方② go と 去

「バスで行く」

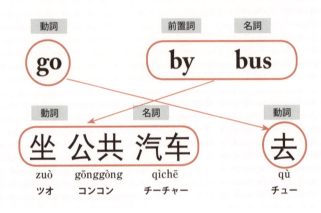

英語
動詞 **go**　前置詞 **by**　名詞 **bus**

中国語
動詞 **坐** zuò ツオ　名詞 **公共** gōnggòng コンコン **汽车** qìchē チーチャー　動詞 **去** qù チュー

違う!

- 「乗り物に乗って行く」という時、英語では "go by car/train/plane という言い方をします。ただし、go by my car ではなく、go in my car となることにも注意しましょう。
- 中国語ではまず「乗る」という意味の動詞"坐"が先に来てそのあとに行くという意味の動詞"去"が来ます。語順的には英語と逆になります。
- また、中国語では乗り物によって違う動詞を使います。座って乗る乗り物には、"坐"を、またいで乗る乗り物には"骑"を用います。

短いフレーズから比べてみよう

比較して覚えよう

第1章

1
- 日 タクシーで 行く
- 英 go by taxi
- 中 坐 出租车 去
  zuò chūzūchē qù
  ツオ チューツーチャー チュー

2
- 日 電車で 行く
- 英 go by train
- 中 坐 火车 去
  zuò huǒchē qù
  ツオ フオチャー チュー

> 1, 2は 座席に座って乗るから動詞"坐"を使うよ。

3
- 日 自転車で 行く
- 英 go by bicycle
- 中 骑 自行车 去
  qí zìxíngchē qù
  チー ツーシンチャー チュー

> 3, 4は またいで乗るから動詞"骑"を使うよ。

4
- 日 オートバイで 行く
- 英 go by motorcycle
- 中 骑 摩托车 去
  qí mótuōchē qù
  チー モートゥオチャー チュー

20 動詞の用い方③ go and see と 去看

「映画に行く」

英語

動詞	接続詞	動詞	不定冠詞	名詞
go	and	see	a	movie

中国語

動詞		動詞		名詞
去		看		电影
qù		kàn		diànyǐng
チュー		カン		ティエンイン

似てる!

● 英語でも中国語でも動詞を連続させる言い方になっています。会話では"and"が省略された"go see a movie"も使われますから、中国語とよく似ています。

違う!

● 「映画に行く」を英語では"go to a movie / the movies"とも言えますが、中国語では"去电影"ではなく、「見る」という動詞"看"を補って、「見に行く」"去看电影"と言わなければなりません。

短いフレーズから比べてみよう

比較して覚えよう

第1章

1
- 日 買物に 行く
- 英 **go shopping**
- 中 去 买 东西
  - qù mǎi dōngxi
  - チュー マイ トンシ

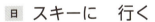

中国語は"去"の後ろに「動詞」が直接置かれているね。

2
- 日 泳ぎに 行く
- 英 **go swimming**
- 中 去 游泳
  - qù yóuyǒng
  - チュー ヨウヨン

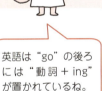

3
- 日 スキーに 行く
- 英 **go skiing**
- 中 去 滑雪
  - qù huáxuě
  - チュー ホアシュエ

英語は"go"の後ろには"動詞+ing"が置かれているね。

4
- 日 スケートに 行く
- 英 **go skating**
- 中 去 滑冰
  - qù huábīng
  - チュー ホアピン

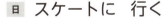

会話 決まり文句 ①

日常のあいさつ

☐ こんにちは。
Hello.
你好。
Nǐ hǎo.
ニー ハオ

☐ また明日。
See you tomorrow.
明天见。
Míngtiān jiàn.
ミンティエン チエン

☐ おはようございます。
Good morning.
早上好。
Zǎoshang hǎo.
ツァオシャン ハオ

☐ ありがとうございます。
Thank you.
谢谢。
Xièxie.
シエシエ

☐ こんばんは。
Good evening.
晚上好。
Wǎnshang hǎo.
ワンシャン ハオ

☐ どういたしまして。
You are welcome.
不客气。
Bú kèqi.
プー クーチー

☐ おやすみなさい。
Good night.
晚安。
Wǎn'ān.
ワンアン

☐ ごめんなさい。
I'm sorry.
对不起
Duìbuqǐ.
トゥイブチー

☐ さようなら。
Good bye.
再见。
Zàijiàn.
ツァイチエン

☐ 大丈夫ですよ。
Don't mention it.
没关系。
Méi guānxi.
メイ クワンシ

この日本語　英語では？　中国語では？

初対面のあいさつ

- [ ] はじめまして。
  Nice to meet you.
  初次 见面。
  Chūcì　jiànmiàn.
  チューツー チエンミエン

- [ ] 私は三田花子と申します。
  My name is Hanako Mita.
  我 叫 三田 花子。
  Wǒ　jiào　Sāntián　Huāzǐ.
  ウォー チャオ サンティエン ホアツー

- [ ] お会いできてうれしいです。
  I'm glad to meet you.
  认识 你 我 很 高兴。
  Rènshi nǐ　wǒ　hěn gāoxìng.
  レンシ　ニー　ウォー　ヘン　カオシン

- [ ] 花子と呼んでください。
  Please call me Hanako.
  请 叫 我 花子。
  Qǐng jiào　wǒ　Huāzǐ.
  チン チャオ ウォー　ホアツー

- [ ] こちらこそうれしいです。
  I'm glad to meet you, too.
  我 也 很 高兴。
  Wǒ　yě　hěn　gāoxìng.
  ウォー　イェ　ヘン　カオシン

- [ ] 私は30歳です。
  I am 30 years old.
  我 30 岁。
  Wǒ sānshí suì.
  ウォー サンシー スイ

- [ ] 自己紹介します。
  Let me introduce myself.
  我 做 自我 介绍。
  Wǒ　zuò　zìwǒ　jièshào.
  ウォーツオ ツーウォーチエシャオ

- [ ] これは私の名刺です。
  This is my business card.
  这 是 我 的 名片。
  Zhè　shì　wǒ　de míngpiàn.
  チャーシー ウォー　ダ　ミンピエン

- [ ] お名前は何とおっしゃいますか。
  What is your name?
  你 叫 什么 名字？
  Nǐ　jiào　shénme　míngzi?
  ニー　チャオ　シェンマ　ミンツ

- [ ] あなたは中国人ですか。
  Are you Chinese?
  你 是 中国人 吗？
  Nǐ　shì　Zhōngguórén ma?
  ニー　シー　チョングオレン　マ

中国語 外来語 トリビア ① 中国語の外来語を見てみよう！

パソコン

英語	日本語	中国語

Google — グーグル
- 英語のGoogleの発音を中国語の漢字にした語だよ。音訳だね。

谷歌
Gǔgē
クーカー

Yahoo — ヤフー
- 英語のYahooの発音を中国語の漢字にした語だよ。音訳だね。

雅虎
Yǎhǔ
ヤーフー

password — パスワード
- "密"(秘密の)と"吗"(番号)からできているよ。意訳だね。

密码
mìmǎ
ミーマー

personal computer — パソコン
- パソコンは、中国語では"电"(電気)と"脑"(脳)からできているよ。意訳だね。

电脑
diànnǎo
ティエンナオ

hacker — ハッカー
- 英語のhackerの発音を中国語の漢字にした語だよ。音訳だね。

黑客
hēikè
ヘイクー

スポーツ

英語	日本語	中国語
Olympic Games	オリンピック	**奥林匹克** Àolínpǐkè アオリンピークー

●英語のOlympicの発音を中国語の漢字にした語だよ。音訳だね。

| **marathon** | マラソン | **马拉松** mǎlāsōng マーラーソン |

●英語のmarathonの発音を中国語の漢字にした語だよ。音訳だね。

| **ping-pong** | 卓球 | **乒乓球** pīngpāngqiú ピンパンチュウ |

●英語のping-pongの発音を中国語の漢字にした語"乒乓"と「球技」を意味する"球"を合わせた語だよ。音訳と意訳だね。

| **ski** | スキーをする | **滑雪** huáxuě ホアシュエ |

●"滑"(滑る)と"雪"(雪)からできているよ。意訳だね。

| **boxing** | ボクシング | **拳击** quánjī チュアンチー |

●"拳"(握りこぶし)と"击"(打つ)からできているよ。意訳だね。

59

英語と中国語 発音コラム①

複母音・鼻母音って何?

　英単語の発音方法を参考にして、中国語の発音をしてみましょう。

　ここではまず複母音と鼻母音について見てみましょう。複母音とは耳慣れない言葉だと思う人もいるかもしれませんが、文字どおり「母音が複数ある音」という意味です。英語式に言えば、二重母音や三重母音のことです。a, e, i, o, u は単母音ですが、ai, ei, ie, ou は二重母音、uai は三重母音ということになります。

　母音が2つ、3つと連続した時には、通じる音にするためには、間に切れ目を入れないでなめらかに発音するのがコツです。左側にピンインで音を表記してあります。発音のコツを参考に英単語の発音をしてみましょう。

【発音のコツ】

ai	アに軽くィを添える
ei	エに軽くィを添える
ou	唇を突き出してオにゥを添える
ie	きしませるイにェを添える
uai	唇を突き出してゥワイの感じ
uei	唇を突き出してウェイの感じ

【英単語】

tie	buy	fly
day	may	bay
go	row	float
yes	yet	yellow
why	wide	wipe
way	weigh	wait

　鼻母音とは、母音のあとに n, ng を伴ったものです。n は舌先を上の歯茎に押しあてたまま鼻から息を抜きます。ng は、舌は持ち上げないで奥で響かせて鼻から息を抜きます。

【英単語】

in	inn　gin　pin
ing	sing　ring
ian	yen
iang	young

　口の筋肉の動きを確認しながら繰り返し練習してみましょう。

第2章

主語＋述語の文を比べてみよう

この章では、文（センテンス）の単位で
英語と中国語を比較します。
似ていると言われる
「主語S＋動詞V＋目的語O」構造
などを比べてみましょう。

21 be動詞と是① [肯定]

「私は日本人です」

英語

主語 S	動詞 V	補語 C
I	am	Japanese.

中国語

主語 S	動詞 V	目的語 O
我	是	日本人。
Wǒ	shì	Rìběnrén.
ウォー	シー	リーペンレン

似てる!

- "是"はbe動詞のように「…である」という判断を示します。名前、国籍、職業などを表す語を従えることができます。

違う!

- 主語の人称、数によってbe動詞は変化しますが、"是"は語形が変わることはありません。中国語では"日本人"は目的語になっています。補語とするか目的語とするかはかつて論争がありましたが、ここでは動詞の後ろに置かれるので、目的語扱いにしておきます。

主語+述語の文を比べてみよう

比較して覚えよう

第2章

1
- 日 私たちは中国人です。
- 英 We are Chinese.
- 中 我们 是 中国人。
  Wǒmen shì Zhōngguórén.
  ウォーメン シー チョングオレン

2
- 日 彼はイギリス人です。
- 英 He is British.
- 中 他 是 英国人。
  Tā shì Yīngguórén.
  ター シー イングオレン

> 2、3 主語は3人称単数でも"是"は語形を変えないね。

3
- 日 彼女は医者です。
- 英 She is a doctor.
- 中 她 是 医生。
  Tā shì yīshēng.
  ター シー イーション

4
- 日 彼らは学生です。
- 英 They are students.
- 中 他们 是 学生。
  Tāmen shì xuésheng.
  ターメン シー シュエション

> 1、4 主語は複数でも"是"は語形を変えないね。

22 be動詞と是② ［否定］

「私は中国人ではありません」

英語

主語S	動詞V	否定	補語C
I	am	not	Chinese.

中国語

主語S	否定	動詞V	目的語O
我	不	是	中国人。
Wǒ	bú	shì	Zhōngguórén.
ウォー	プー	シー	チョングオレン

- 「AはBではない」と否定する時の言い方です。英語では"be＋not"と否定語が動詞のあとに置かれます。一方、中国語では"不"は動詞の前に来て、"不＋是"となります。

※"不"は「…ではない」という否定の意味の副詞です。"不"は本来第4声(bù)ですが"是"が第4声のために第2声(bú)に声調が変化します。

主語+述語の文を比べてみよう

比較して覚えよう

第2章

1
- 日 私たちはフランス人ではありません。
- 英 We are not French.
- 中 我们 不 是 法国人。
  Wǒmen bú shì Fǎguórén.
  ウォーメン プー シー ファークオレン

> 英語は主語によってisやareなどに変化するけど、中国語"是"は変化しないよ。

2
- 日 ジャックはカナダ人ではありません。
- 英 Jack is not Canadian.
- 中 杰克 不 是 加拿大人。
  Jiékè bú shì Jiānádàrén.
  チエクー プー シー チャーナーターレン

3
- 日 彼は公務員ではありません。
- 英 He is not a government official.
- 中 他 不 是 公务员。
  Tā bú shì gōngwùyuán.
  ター プー シー コンウーユアン

4
- 日 彼女たちは看護師ではありません。
- 英 They are not nurses.
- 中 她们 不 是 护士。
  Tāmen bú shì hùshi.
  ターメン プー シー フーシ

23 be動詞と是③ [疑問]

「あなたは韓国人ですか」

英語

動詞V　主語S　　　補語C

Are　you　Korean　?

中国語

主語S　動詞V　　　目的語O　　　助詞

你　是　韩国人　吗？
Nǐ　shì　Hánguórén　ma?
ニー　シー　ハンクオレン　マ

反復疑問文

主語S　否定　　　目的語O

你　是　不　是　韩国人　？
Nǐ　shì　bu　shì　Hánguórén　?
ニー　シー　プ　シー　ハンクオレン　?

違う!

● 「AはBですか」という疑問文の言い方です。英語では文頭にbe動詞を移動させますが、中国語では文末に"吗"を置いて疑問文を作ります。"吗"は日本語の「…か」にあたる助詞です。

● また、中国語には肯定形"是"と否定形"不是"を繰り返す反復疑問文という疑問文があります。その際は"不"は弱く読まれるので声調記号はつけられません。

主語+述語の文を比べてみよう

比較して覚えよう

1
- 日 あなたはイタリア人ですか。
- 英 Are you Italian?
- 中 你 是 意大利人 吗？
  Nǐ shì Yìdàlìrén ma?
  ニー シー イーターリーレン マ

> 文末に"吗"が置かれているね。

2
- 日 あなたたちは会社員ですか。
- 英 Are you company employees?
- 中 你们 是 公司 职员 吗？
  Nǐmen shì gōngsī zhíyuán ma?
  ニーメン シー コンスー ヂーユアン マ

3
- 日 彼はベトナム人ですか。
- 英 Is he Vietnamese?
- 中 他 是 越南人 吗？
  Tā shì Yuènánrén ma?
  ター シー ユエナンレン マ

> "是不是"の反復疑問文も作ってみてね。

4
- 日 彼女は歌手ですか。
- 英 Is she a singer?
- 中 她 是 歌手 吗？
  Tā shì gēshǒu ma?
  ター シー クーショウ マ

24 be動詞と 是 ④ [答え方]

「はい」「いいえ」

英語

主語S 動詞V
Yes, I am.

主語S 動詞V 否定
No, I'm not.

中国語

動詞V
是。
Shì.
シー

否定　　否定 動詞V
不。/ 不 是。
Bù.　　Bú　shì.
プー　　プー　シー

違う!

- 中国語には英語のYesとNoにあたる言葉がないので、動詞をそのまま使って答えます。Yes なら"是"、Noなら否定の"不是"になります。"不"だけでも、Noの意味を表すことができます。
- また、"是, 我是日本人。"、"不, 我不是日本人。" のように長く答えることももちろんできます。 右ページの例文ではこの答え方を示しておきます。

主語+述語の文を比べてみよう

比較して覚えよう

※第23課「あなたはイタリア人ですか」の答え

1
- 日 はい。　　　　　　　　　　いいえ。
- 英 Yes, I am.　　　　　　　　No, I'm not.
- 中 是，我是意大利人。　　　　不，我不是意大利人。
  Shì, wǒ shì Yìdàlìrén.　　　Bù, wǒ bú shì Yìdàlìrén.
  シー ウォー シー イーターリーレン　フー ウォー フーシー イーターリーレン

※第23課「あなたたちは会社員ですか」の答え

2
- 日 はい。　　　　　　　　　　いいえ。
- 英 Yes, we are.　　　　　　　No, we aren't.
- 中 是，我们是公司职员。　　　不，我们不是公司职员。
  Shì, wǒmen shì gōngsī zhíyuán.　Bù, wǒmen bú shì gōngsī zhíyuán.
  シー ウォーメン シー コンスーヂーユアン　フー ウォーメン フーシー コンスーヂーユアン

※第23課「彼はベトナム人ですか」の答え

3
- 日 はい。　　　　　　　　　　いいえ。
- 英 Yes, he is.　　　　　　　　No, he isn't.
- 中 是，他是越南人。　　　　　不，他不是越南人。
  Shì, tā shì Yuènánrén.　　　Bù, tā bú shì Yuènánrén.
  シー ター シー ユエナンレン　フー ター フーシー ユエナンレン

※第23課「彼女は歌手ですか」の答え

4
- 日 はい。　　　　　　　　　　いいえ。
- 英 Yes, she is.　　　　　　　 No, she isn't.
- 中 是，她是歌手。　　　　　　不，她不是歌手。
  Shì, tā shì gēshǒu.　　　　　Bù, tā bú shì gēshǒu.
  シー ター シー クーショウ　　フー ター フーシー クーショウ

第2章

25 be動詞と 是 ⑤ [省略]

「今日は月曜日です」

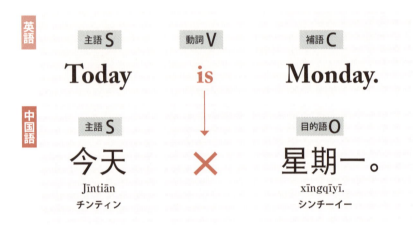

英語
主語 S　動詞 V　補語 C
Today **is** **Monday.**

中国語
主語 S　　　　　目的語 O
今天 × **星期一。**
Jīntiān　　　 xīngqīyī.
チンティン　　　シンチーイー

違う!

● 英語では文の内容によって"be"動詞を省略することはできません。ところが中国語では、年月日、年齢、出身、時刻、値段などを表す文では、"是"を省略することができます。文型的には"V"(動詞)がない、"SO"文型になります。ただし中国語でも否定文の場合は"是"を省略することはできません。

主語+述語の文を比べてみよう

比較して覚えよう

第2章

1
- 日 今日は8月15日です。
- 英 Today is August 15th.
- 中 今天 八月 十五 号。
  Jīntiān bāyuè shíwǔ hào.
  チンティエン パー ユエ シーウー ハオ

中国語は"是"が省略されているね。

2
- 日 彼は34歳です。
- 英 He is 34 years old.
- 中 他 三十四 岁。
  Tā sānshisì suì.
  ター サンシースー スイ

3
- 日 彼女は北京出身です。
- 英 She is from Beijing.
- 中 她 北京人。
  Tā Běijīngrén.
  ター ペイチンレン

英語では"be"動詞は省略できないよ。

4
- 日 今6時半です。
- 英 It's half past six now.
- 中 现在 六 点 半。
  Xiànzài liù diǎn bàn.
  シエンツァイ リュウ ティエン パン

71

26 SVO文型①

「私はあなたを 愛しています」

英語

主語 S	動詞 V	目的語 O
I	love	you.

中国語

主語 S	動詞 V	目的語 O
我	爱	你。
Wǒ	ài	nǐ.
ウォー	アイ	ニー

似てる!

- 「人が誰か(何か)に対して…する」という意味を表す言い方です。英語も中国語も主語 S＋動詞 V＋目的語 O の語順になります。
- 英語も中国語も、動詞には動作を表す動作動詞（右ページ例文 1, 3, 4）と心の状態などを表す状態動詞（上例文及び右ページ例文 2）があります。

違う!

- 英語では代名詞が目的語になる時、目的格の代名詞が使われますが、中国語では格変化がありません。

主語+述語の文を比べてみよう

比較して覚えよう

動詞は以下のように、動詞+目的語のセットで覚えるといいよ。

1 ビールを飲む"喝啤酒"
2 彼女を知っている"认识她"
3 餃子を食べる"吃饺子"
4 野球をする"打棒球"

第2章

1
- 日 私はビールを飲みます。
- 英 I drink beer.
- 中 我 喝 啤酒。
  Wǒ hē píjiǔ.
  ウォー フー ピーチュウ

2
- 日 私は彼女を知っています。
- 英 I know her.
- 中 我 认识 她。
  Wǒ rènshi tā.
  ウォー レンシ ター

3
- 日 私たちは餃子を食べます。
- 英 We eat dumplings.
- 中 我们 吃 饺子。
  Wǒmen chī jiǎozi.
  ウォーメン チー チャオツ

4
- 日 彼らは野球をします。
- 英 They play baseball.
- 中 他们 打 棒球。
  Tāmen dǎ bàngqiú.
  ターメン ター バンチュウ

27 SVO文型②

「彼は歌を歌います」

英語

主語 S	動詞 V	目的語 O
He	sings	songs.

中国語

主語 S	動詞 V	目的語 O
他	唱	歌。
Tā	chàng	gē.
ター	チャン	クー

違う!

● 英語では主語の人称によって動詞が変化します。主語が三人称単数なら動詞に影響を与えて、"s" や "es" をつけなければなりません。中国語では主語の人称に関係なく動詞が語形を変えることはありません。このことから、主語が動詞を支配する力は、英語の方が中国語よりも大きいと言えるでしょう。

主語+述語の文を比べてみよう

比較して覚えよう

1.
   - 日 彼はマージャンをします。
   - 英 He plays mah-jongg.
   - 中 他 打 麻将。
     Tā dǎ májiàng.
     ター ター マーチアン

   > 英語では三人称単数動詞の"s"や"es"を忘れないように。

2.
   - 日 彼女は英語を勉強します。
   - 英 She studies English.
   - 中 她 学 英语。
     Tā xué Yīngyǔ.
     ター シュエ インユィ

3.
   - 日 ジャックは冗談を言います。
   - 英 Jack tells jokes.
   - 中 杰克 说 笑话。
     Jiékè shuō xiàohua.
     チエクー シュオ シャオホア

   > 中国語の動詞は変化しないね。

4.
   - 日 ナンシーは数学が好きです。
   - 英 Nancy likes math.
   - 中 南希 喜欢 数学。
     Nánxī xǐhuan shùxué.
     ナンシー シーホアン シューシュエ

第2章

28 SVA文型①

「彼は銀行に勤めています」

英語

主語 S	動詞 V	副詞類 A
He	works	in a bank.

中国語

主語 S	副詞類 A	動詞 V
他	在 银行	工作。
Tā	zài yínháng	gōngzuò.
ター	ツァイ インハン	コンツオ

英語の "in a bank" が中国語の "在银行" に対応（動詞の前へ移動）。

違う!

- 場所や時間などを表す副詞類の語句 (A：Adverbials) は、普通は、英語では文末に置かれます。中国語では動詞の前に置かれます。

- 中国語を習い始めた頃は、英語の語順に引きづられて"＊他工作在银行。"という文を作ってしまうことがありますが、これはもちろん間違いです。語順には十分に注意しましょう。

※英語の基本5文型は100年前の考え方です。今では副詞類の語句Aを加えた基本7文型が主流です。

主語+述語の文を比べてみよう

比較して覚えよう

1
- 日 私は朝7時に起きます。
- 英 I get up at seven o'clock in the morning.
- 中 我 早上 七点 起床。
  Wǒ zǎoshang qī diǎn qǐchuáng.
  ウォー ツァオシャン チー ティエン チーチュワン

> 1, 2は時間や場所を表す語句の位置に注意してね。

2
- 日 彼女は図書館で宿題をします。
- 英 She does her homework in the library.
- 中 她 在 图书馆 做 作业。
  Tā zài túshūguǎn zuò zuòyè.
  ター ツァイトゥーシュークワン ツオ ツオイエ

3
- 日 私は毎日中国語を勉強します。
- 英 I study Chinese every day.
- 中 我 每天 学 汉语。
  Wǒ měitiān xué Hànyǔ.
  ウォー メイティエン シュエ ハンユィ

> 3, 4「頻度を表す語句」は、中国語と日本語ともに動詞の前に置かれているね。

4
- 日 私たちはよくテニスをします。
- 英 We often play tennis.
- 中 我们 常常 打 网球。
  Wǒmen chángcháng dǎ wǎngqiú.
  ウォーメン チャンチャン ター ワンチュウ

第2章

29 SVA文型②

「彼は2時間 歩きました」

英語

主語 S	動詞 V	時間 / 副詞類 A
He	walked	for two hours.

中国語

主語 S	動詞 V	時間 / 時量表現語句
他	走了	两 个 小时。
Tā	zǒule	liǎng ge xiǎoshí.
ター	ツォウラ	リャン ガ シャオシー

似てる!

● 継続時間を表す語句は英語でも中国語でも動詞のあとに置かれます。また、英語も中国語も動詞を変化させて過去の行為を表しています。英語では動詞を過去形にします。中国語では時量表現語句"两个小时"によって過去の具体的な行為が述べられているので動詞のすぐあとに"了"をつけます。詳しくは第44課で説明してあります。

違う!

● 継続時間を示す"for"にあたる語は中国語にはないので、"两个小时"は副詞類Aではなく時量表現語句になります。

▶ 主語+述語の文を比べてみよう

比較して覚えよう

継続時間を表す語句は英語でも中国語でも動詞のあとに置かれているね。

1
- 日 私は毎日 10 時間寝ます。
- 英 I sleep for ten hours every day.
- 中 我 每天 睡 十 个 小时。
  Wǒ měitiān shuì shí ge xiǎoshí.
  ウォー メイティエン シュイ シー ガ シャオシー

2
- 日 彼女は広東語を 3 年間勉強しました。
- 英 She studied Cantonese for three years.
- 中 她 学 广东话 学了 三 年。
  Tā xué Guǎngdōnghuà xuéle sān nián.
  ター シュエ クワントンホア シュエラ サン ニエン

2, 3, 4 中国語には、動詞のあとに"了"がついているよ。

※ 她学了三年(的)广东话。も可。

3
- 日 私は今日12時間仕事をしました。
- 英 I worked for twelve hours today.
- 中 我 今天 工作了 十二 个 小时。
  Wǒ jīntiān gōngzuòle shí'èr ge xiǎoshí.
  ウォー チンティエン コンツオラ シーアー ガ シャオシー

4
- 日 彼らは4日間休みました。
- 英 They rested for four days.
- 中 他们 休息了 四 天。
  Tāmen xiūxile sì tiān.
  ターメン シュウシーラ スー ティエン

30 SVOO文型

「彼は彼らに英語を教えています」

英語

主語 S	動詞 V	目的語 O	目的語 O
He	teach<u>es</u>	them	English.

中国語

主語 S	動詞 V	目的語 O	目的語 O
他	教	他们	英语。
Tā	jiāo	tāmen	Yīngyǔ.
ター	チャオ	ターメン	インユィ

似てる!

● 英語でも中国語でも動詞のあとに目的語が2つ続いています。最初の目的語には「…に」、あとの目的語には「…を」という日本語訳が使えます。それぞれ間接目的語、直接目的語と呼ばれています。文型的には目的語を2つ取るということになります。

違う!

● 英語では、"He teaches English to them." のように書き換えることができますが、中国語ではできません。

主語+述語の文を比べてみよう

比較して覚えよう

1
- 日 彼女は私にいくつか質問します。
- 英 She asks me some questions.
- 中 她 问 我 一些 问题。
  Tā wèn wǒ yìxiē wèntí.
  ターウェン ウォー イーシエ ウェンティー

2
- 日 ジャックは私にニュースを1つ知らせてくれました。
- 英 Jack told me a piece of news.
- 中 杰克 告诉 我 一 个 消息。
  Jiékè gàosu wǒ yí ge xiāoxi.
  チエクー カオス ウォー イー ガ シャオシ

> 英語・中国語ともに目的語が2つあるね。

3
- 日 李先生は私に辞書を1冊贈ってくれました。
- 英 Mr. Lee gave me a dictionary as a present.
- 中 李 老师 送 我 一 本 词典。
  Lǐ lǎoshī sòng wǒ yì běn cídiǎn.
  リーラオシー ソン ウォー イーベン ツーティエン

4
- 日 彼は私に3ドルくれました。
- 英 He gave me three dollars.
- 中 他 给了 我 三 块 美元。
  Tā gěile wǒ sān kuài Měiyuán.
  ター ケイラ ウォー サン クワイ メイユアン

> 中国語は間接目的語と直接目的語の語順を代えられないよ。

31 SVOC文型

「この知らせに私はとてもうれしくなりました」

英語

主語 S	動詞 V	目的語 O	副詞	補語 C
This news	made	me	very	happy.

中国語

主語 S	動詞 V	目的語 O	副詞	補語 C
这个消息	使	我	很	高兴。
Zhège xiāoxi	shǐ	wǒ	hěn	gāoxìng.
チャーガ シャオシ	シー	ウォー	ヘン	カオシン

似てる!

● 動詞のあとに目的語と補語が続く言い方です。補語は目的語の状態を説明していて、目的語=補語の関係が見られます。

違う!

● 英語と中国語では文型の扱いが異なる場合があります。例えば、「私たちは彼女を小王と呼びます」は、中国語ではSVOOで"我们叫她小王。"、英語ではSVOCで"We call her Xiao Wang."になります。

主語+述語の文を比べてみよう

比較して覚えよう

1
- 日 彼の言葉で彼女はとても悲しみました。
- 英 His words made her very sad.
- 中 他的话使她悲伤万分。
  Tā de huà shǐ tā bēishāng wànfēn.
  ター ダ ホア シー ター ペイシャン ワンフェン

> 1、2、3「…させる」という使役文。

2
- 日 歌を歌うと私は愉快になります。
- 英 Singing songs makes me happy.
- 中 唱歌使我很愉快。
  Chàng gē shǐ wǒ hěn yúkuài.
  チャン クー シー ウォー ヘン ユィークワイ

3
- 日 歳月は人を老いさせます。
- 英 Time makes one old.
- 中 岁月使人老。
  Suìyuè shǐ rén lǎo.
  スイユエ シー レン ラオ

4
- 日 中国語はとても難しいと思います。
- 英 I find Chinese very difficult.
- 中 我觉得汉语非常难。
  Wǒ juéde Hànyǔ fēicháng nán.
  ウォー チュエダ ハンユィー フェイチャン ナン

32 否定文① ［現在］

「私はテレビを見ません」

英語

主語 S	否定	動詞 V	目的語 O
I	do not	watch	TV.

中国語

主語 S	否定	動詞 V	目的語 O
我	不	看	电视。
Wǒ	bú	kàn	diànshì.
ウォー	ブー	カン	ティエンシー

似てる！

- 英語でも中国語でも「人が…しない」と否定する時は、一般動詞の前に否定語を置きます。

違う！

- 英語では主語が3人称単数なら否定語は、"does not"、それ以外は"do not"になります。"do""does"は助動詞です。"do not"、"does not"の短縮形はそれぞれ"don't"、"doesn't"です。
- 中国語の"不"は、本来声調が第4声(bù)ですが"看"が第4声のために第2声(bú)に変化します。

主語+述語の文を比べてみよう

比較して覚えよう

1
- 日 私は小説を読みません。
- 英 I don't read novels.
- 中 我 不 看 小说。
  Wǒ bú kàn xiǎoshuō.
  ウォー プー カン シャオシュオ

2
- 日 彼は豚肉を食べません。
- 英 He doesn't eat pork.
- 中 他 不 吃 猪肉。
  Tā bù chī zhūròu.
  ター プー チー ヂューロウ

2は主語が"he"だから"doesn't"になっているね。

3
- 日 私たちはお酒を飲みません。
- 英 We don't drink alcohol.
- 中 我们 不 喝 酒。
  Wǒmen bù hē jiǔ.
  ウォーメン プー フー チュウ

4
- 日 彼らはゴルフをしません。
- 英 They don't play golf.
- 中 他们 不 打 高尔夫球。
  Tāmen bù dǎ gāo'ěrfūqiú.
  ターメン プー ター カオアーフーチュウ

33 否定文② [過去]

「私は炒飯を食べませんでした」

英語

主語 S	否定	動詞 V	目的語 O
I	did not	eat	fried rice.

中国語

主語 S	否定	動詞 V	目的語 O
我 Wǒ ウォー	没 méi メイ	吃 chī チー	炒饭。 chǎofàn. チャオファン
我 Wǒ ウォー	不 bù プー	吃 chī チー	炒饭。 chǎofàn. チャオファン

没…食べなかった事実のみを言う場合
不…自分の意志であるいは習慣として食べなかったことを言う場合

似てる!

● 「人が…しなかった」と過去の出来事を否定する言い方で、どちらの言語でも動詞の前に否定語を置きます。

違う!

● 英語の"did"は助動詞です。中国語では過去の出来事は普通は"不"ではなく"没"で否定します。しかし、上の説明のように場合によっては"不"で否定することがあります。

主語+述語の文を比べてみよう

比較して覚えよう

1
- 日 私はきのう郵便局に行きませんでした。
- 英 I didn't go to the post office yesterday.
- 中 我 昨天 没 去 邮局。
  Wǒ zuótiān méi qù yóujú.
  ウォー ツオティエン メイ チュー ヨウジュー

> 1, 2, 3 否定語は"没"になっているよ。

2
- 日 彼はきのうの夜は寝ませんでした。
- 英 He didn't sleep last night.
- 中 他 昨晚 没 睡觉。
  Tā zuówǎn méi shuìjiào.
  ター ツオワン メイ シュイチャオ

3
- 日 今日は雨が降りませんでした。
- 英 It didn't rain today.
- 中 今天 没 下 雨。
  Jīntiān méi xià yǔ.
  チンティエン メイ シャー ユィイ

> 雨が降るのような自然現象の表し方は79課で出てくるよ。

4
- 日 私は以前はタバコを吸いませんでした。
- 英 I didn't smoke in the past.
- 中 我 以前 不 抽 烟。
  Wǒ yǐqián bù chōu yān.
  ウォー イーチエン ブー チョウ イエン

34 疑問文① [現在]

「あなたはピアノを弾きますか」

英語

主語S	動詞V	目的語O	
Do you	play	the piano	?

中国語

主語S	動詞V	目的語O	助詞
你	弹	钢琴	吗?
Nǐ	tán	gāngqín	ma?
ニー	タン	カンチン	マ

你	弹 不 弹	钢琴	?
Nǐ	tán bu tán	gāngqín	
ニー	タン プー タン	カンチン	

違う!

- 「人が…しますか」と言いたい時、英語では文頭に"do"、"does"(助動詞)を置きます。
- 中国語では文末に"吗"を置いて疑問文を作る方法と肯定形"弹"と否定形"不弹"を繰り返す反復疑問文があります。"吗"は第23課の"是"の疑問文と同じく日本語の「…か」にあたる助詞です。また反復疑問文の作り方も同じです。その際は"不"は弱く読まれるので声調記号はつけられません。

主語+述語の文を比べてみよう

比較して覚えよう

1
- 日 あなたはバイオリンを弾きますか。
- 英 Do you play the violin?
- 中 你 拉 小提琴 吗？
  Nǐ lā xiǎotíqín ma?
  ニー ラー シャオティーチン マ

> 1, 2, 3 は文末に"吗"が置かれているね。

2
- 日 あなたはこれが欲しいですか。
- 英 Do you want this?
- 中 你 要 这个 吗？
  Nǐ yào zhège ma?
  ニー ヤオ チャーガ マ

3
- 日 彼女はエアロビクスをしますか。
- 英 Does she do aerobics?
- 中 她 做 健美操 吗？
  Tā zuò jiànměicāo ma?
  ター ツオ チエンメイツァオ マ

> 4 は反復疑問文だよ。

4
- 日 あなたたちは京劇を知っていますか。
- 英 Do you know Beijing opera?
- 中 你们 知道 不 知道 京剧？
  Nǐmen zhīdao bu zhīdao jīngjù?
  ニーメン チータオ プー チータオ チンジュー

35 疑問文①に対する答え方

「はい」「いいえ」

英語

主語S 動詞V

Yes, I do.

主語S 動詞V 否定

No, I don't.

中国語

動詞V

弾。
Tán.
タン

否定　　否定 動詞V

不。/ 不 弾。
Bù.　　Bú tán.
プー　　プー タン

違う!

● 一般動詞の疑問文の答え方は、すでに第24課"是"で見たように、中国語には英語の"Yes"と"No"にあたる言葉がありません。そのために、動詞をそのまま使って答えます。この文では、"Yes"なら"弾"、"No"なら否定の"不弾"になります。また、短く答えて"不"だけでも、"No"の意味を表すことができます。

● 英語の"do"は代動詞(同じ動詞の反復使用を避けるために用いる)です。

主語+述語の文を比べてみよう

比較して覚えよう

※第34課「あなたはバイオリンを弾きますか」の答え

1
- 日 はい。　　　　いいえ。
- 英 Yes, I do.　　No, I don't.
- 中 拉。　　　　不 拉。
  　 Lā.　　　　 Bù lā.
  　 ラー　　　　プー ラー

中国語は肯定も否定も疑問文の動詞をそのまま使って答えるよ。

※第34課「あなたはこれが欲しいですか」の答え

2
- 日 はい。　　　　いいえ。
- 英 Yes, I do.　　No, I don't.
- 中 要。　　　　不 要。
  　 Yào.　　　　 Bú yào.
  　 ヤオ　　　　プー ヤオ

※第34課「彼女はエアロビクスをしますか」の答え

3
- 日 はい。　　　　いいえ。
- 英 Yes, she does.　No, she doesn't.
- 中 做。　　　　不 做。
  　 Zuò.　　　　 Bú zuò.
  　 ツオ　　　　プー ツオ

3は主語が"she"の3人称単数だから"doesn't"になっているよ。

※第34課「あなたたちは京劇を知っていますか」の答え

4
- 日 はい。　　　　いいえ。
- 英 Yes, we do.　　No, we don't.
- 中 知道。　　　　不 知道。
  　 Zhīdao.　　　 Bù zhīdao.
  　 チータオ　　　プー チータオ

36 疑問文② [過去]

「あなたはウイスキーを２本買いましたか」

英語

	主語 S	動詞 V	目的語 O	
Did	you	buy	two bottles of whiskey	?

中国語

主語 S	動詞 V	目的語 O	助詞
你	买了	两 瓶 威士忌	吗?
Nǐ	mǎile	liǎng píng wēishìjì	ma?
ニー	マイラ	リアン ピン ウェイシーチー	マ

反復疑問文

你	买没买	两 瓶 威士忌	?
Nǐ	mǎi mei mǎi	liǎng píng wēishìjì	
ニー	マイ メイ マイ	リアン ピン ウェイシーチー	

你	买了	两 瓶 威士忌	没有?
Nǐ	mǎile	liǎng píng wēishìjì	méiyǒu?
ニー	マイラ	リアン ピン ウェイシーチー	メイヨウ

違う！

● 過去の出来事を表す疑問文です。英語では文頭に"did"(助動詞)を置きますが、中国語では第34課と同じように文末に"吗"を置きます。また、中国語には肯定形"买"と否定形"没买"を繰り返す反復疑問文があります。過去の出来事ですので否定の副詞は"不"ではなく"没"を使って反復疑問文を作ります。

主語+述語の文を比べてみよう

比較して覚えよう

第2章

1
- 日 あなたは手紙を3通書きましたか。
- 英 Did you write three letters?
- 中 你写了三封信吗?
  Nǐ xiěle sān fēng xìn ma?
  ニー シエラ サン フォンシン マ

1, 2, 4は中国語の文末に"吗"が置かれているね。

2
- 日 あなたは今日10時間仕事しましたか。
- 英 Did you work for ten hours today?
- 中 你今天工作了十个小时吗?
  Nǐ jīntián gōngzuòle shí ge xiǎoshí ma?
  ニー チンティエン コンツオラ シーガ シャオシー マ

3
- 日 彼は月曜日に東京に行きましたか。
- 英 Did he go to Tokyo on Monday?
- 中 他星期一去没去东京?
  Tā xīngqīyī qù mei qù Dōngjīng?
  ター シンチーイー チュー メイ チュー トンチン

3は反復疑問文になっているね。

4
- 日 彼らは去年9月に卒業しましたか。
- 英 Did they graduate last September?
- 中 他们是去年九月毕业的吗?
  Tāmen shì qùnián jiǔyuè bìyè de ma?
  ターメン シー チューニエン チュウユエ ピーイエダ マ

"是～的"は第75課で勉強するよ。

37 疑問文②に対する答え方

「はい」「いいえ」

英語

| 主語 S | 動詞 V |
Yes, I did.

| 主語 S | 動詞 V | 否定 |
No, I didn't.

中国語

| 動詞 V | 助詞 |
买 了。
Mǎi　le.
マイ　ラ

| 否定 | 動詞 V |
没 买。
Méi　mǎi.
メイ　マイ

違う!

- 過去の出来事の疑問文に対する答え方ですが、すでに説明したように、中国語には英語の"Yes"と"No"にあたる言葉がありません。そこで動詞をそのまま使って答えます。"Yes"なら"买了。"、"No"なら否定の"没买。"になります。
- 英語の"did"は代動詞です。

比較して覚えよう

主語+述語の文を比べてみよう

> 中国語は肯定も否定も疑問文の動詞をそのまま使って答えるよ。

1 ※第36課「あなたは手紙を3通書きましたか」の答え

- 日 はい。　　いいえ。
- 英 Yes, I did.　No, I didn't.
- 中 写了。　　没写。
  - Xiě le.　　Méi xiě.
  - シエ ラ　　メイ シエ

2 ※第36課「あなたは今日10時間仕事しましたか」の答え

- 日 はい。　　いいえ。
- 英 Yes, I did.　No, I didn't.
- 中 工作了。　没 工作。
  - Gōngzuò le.　Méi gōngzuò.
  - コンツオ ラ　メイ コンツオ

> 過去のことだから"没"で否定しているね。

3 ※第36課「彼は月曜日に東京に行きましたか」の答え

- 日 はい。　　いいえ。
- 英 Yes, he did.　No, he didn't.
- 中 去了。　　没去。
  - Qù le.　　Méi qù.
  - チュー ラ　メイ チュー

4 ※第36課「彼らは去年9月に卒業しましたか」の答え

- 日 はい。　　いいえ。
- 英 Yes, they did.　No, they didn't.
- 中 是的。　　不是。
  - Shì de.　　Bú shì.
  - シー ダ　　プー シー

38 be動詞と在

「雑誌は机の上にあります」

似てる!

- すでに話題に上っている、あるいは特定の人や物がどこにいる(ある)という意味を表す時には、英語も中国語も「名詞＋動詞＋存在する場所」の語順になります。日本語では、生物には「いる」無生物には「ある」を用いますが、英語も中国語もこのような区別はしないで、使われる動詞は、"be"と"在"です。

違う!

- 英語では名詞を特定するために定冠詞"the"が用いられますが、中国語は文頭に名詞を置くことでその意味を表します。英語の"on"は前置詞、中国語の"上"は方位詞と呼ばれる名詞です。

主語+述語の文を比べてみよう

比較して覚えよう

1
- 日 本屋は学校の裏にあります。
- 英 The bookstore is behind the school.
- 中 书店 在 学校 的 后面。
  Shūdiàn zài xuéxiào de hòumian.
  シューティエン ツァイ シュエシャオ ダ ホウミエン

2
- 日 スーパーは遊園地の西にあります。
- 英 The supermarket is to the west of the amusement park.
- 中 超市 在 游乐园 的 西边。
  Chāoshì zài yóulèyuán de xībian.
  チャオシー ツァイ ヨウルーユアン ダ シーピエン

中国語の場合、否定文は"在"の前に"不"を置けばいいんだよ。"在"は第4声だから"不"は第2声に声調が変化することを忘れないようにしようね。

3
- 日 彼は家にいません。
- 英 He is not at home.
- 中 他 不 在 家。
  Tā bú zài jiā.
  ター プー ツァイ チャー

4
- 日 彼らは新宿にいますか。
- 英 Are they in Shinjuku?
- 中 他们 在 新宿 吗？
  Tāmen zài Xīnsù ma?
  ターメン ツァイ シンスー マ

疑問文は文末に"吗"を置けばいいね。また"在不在"の反復疑問文もあるよ。答えは"在。""不在。"でいいんだよ。

39 There構文と 有 ①

「壁に地図が1枚 あります」

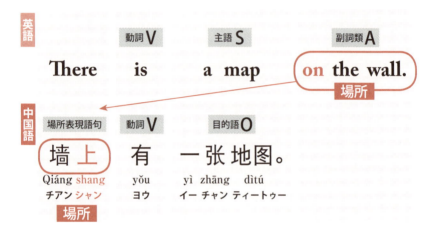

似てる!

● 不特定の人や物がどこにいる(ある)と言いたい時には、英語では不定冠詞(a, an)＋名詞が使われます。"a map"は中国語の"一张地图"にあたり、どちらも不特定の物の意味が表されます。
英語の"on"は「接触している」という意味です。中国語の"上"も非常に似かよった意味を持っていることがわかります。

違う!

● 英語では"There構文"を使うと、場所を表す語句が文末に来ますが、中国語では場所を表す語句は文頭に来ます。

主語+述語の文を比べてみよう

比較して覚えよう

1

- 日 天井にはハエが1匹います。
- 英 There is a fly on the ceiling.
- 中 天花板 上 有 一 只 苍蝇。
  Tiānhuābǎn shang yǒu yì zhī cānying.
  ティエンホアバンシャン ヨウ イー チー ツァンイン

> この例文でも"on"と"上"の意味が似ていることがわかるね。

2

- 日 台所には冷蔵庫が2台あります。
- 英 There are two fridges in the kitchen.
- 中 厨房 里 有 两 台 冰箱。
  Chúfáng li yǒu liǎng tái bīngxiāng.
  チューファンリ ヨウ リャンタイ ピンシアン

> "里"は「…の中に」という意味で"in"にあたるね。

3

- 日 ニューヨークには映画館がたくさんあります。
- 英 There are many movie theaters in New York.
- 中 纽约 有 很 多 电影院。
  Niǔyuē yǒu hěn duō diànyǐngyuàn.
  ニュウユエ ヨウ ヘン トゥオ ティエンインユアン

> "纽约"は固有名詞だから"里"をつけてはだめだよ。

4

- 日 本棚に英語の本はありません。
- 英 There aren't English books on the bookshelf.
- 中 书架 上 没 有 英文 书。
  Shūjià shang méi yǒu Yīngwén shū.
  シューチャー シャン メイ ヨウ インウェン シュー

> 否定文は"有"の前に"没"置くんだよ。動詞"有"の否定は"不"ではないから気をつけて。

40 There構文と 有 ②

「木の下に犬が1匹います」

英語

動詞V　　主語S　　　副詞類A

There　is　a dog　under the tree.
　　　　　　　　　　　場所

中国語

場所表現語句　動詞V　　量詞　名詞

树 下　有　一 条 狗。
Shù xià　yǒu　yì tiáo gǒu.
シュー シャー　ヨウ　イー ティアオ コウ
場所

似てる！

● 場所を表す語句として英語の"under"(前置詞)は、中国語の"下"(方位詞と呼ばれる名詞)にあたることがわかります。ここまでで、"上""下""里"の方位詞は3つの語が出てきましたが、それぞれ英語と対応しています。

違う！

● 英語ではよほど強調する場合でない限り、普通は時間を表す語句は文末に来ます。しかし、中国語では時間を表す語句を、場所を表す語句と同じように文頭に持ってきて「何かが存在する」という意味を表すことができます。※右ページ4番参照

主語+述語の文を比べてみよう

比較して覚えよう

第2章

1
- 日 銀行の<u>真向かいに</u>コンビニがあります。
- 英 There is a convenience store opposite the bank.
- 中 银行 对面 有 一 家 便利店。
  Yínháng duìmiàn yǒu yì jiā biànlìdiàn.
  インハン トゥイミエン ヨウ イー チャー ピエンリーティエン

> "家"は店などを数える量詞だよ。

2
- 日 病院<u>の前に</u>公園はありません。
- 英 There isn't a park in front of the hospital.
- 中 医院 前面 没 有 公园。
  Yīyuàn qiánmian méi yǒu gōngyuán.
  イーユアン チエンミエン メイ ヨウ コンユアン

3
- 日 この<u>近くに</u>郵便局はありますか。
- 英 Is there a post office near here?
- 中 这 附近 有 没 有 邮局？
  Zhè fùjìn yǒu mei yǒu yóujú?
  チャー フーチン ヨウ メイ ヨウ ヨウジュー

> 3は"有没有"の反復疑問文だね。答えは"有。""没有。"でいいんだよ。

4
- 日 <u>今日</u>英語のテストがあります。
- 英 There is an English examination today.
- 中 今天 有 英语 考试。
  Jīntiān yǒu Yīngyǔ kǎoshì.
  チンティン ヨウ インユィー カオシー

> 4は時間を表す語が文頭に置かれているね。

41 haveと有 ①

「私には子供が2人います」

英語

主語 S	動詞 V	目的語 O
I	have	two children.

中国語

主語 S	動詞 V	目的語 O
我	有	两 个 孩子。
Wǒ	yǒu	liǎng ge háizi.
ウォー	ヨウ	リャン ガ ハイツ

似てる!

● 英語の"have"も中国語の"有"もともに所有の意味を表します。すなわち、どちらにも主語が何かを「持っている」という意味があります。人が主語になって、その人の物理的及び心理的な縄張り領域に人や物を所有しているということになります。

違う!

● 英語では主語が3人称単数現在なら"has"が、それ以外なら"have"が使われますが、中国語の場合は主語の人称や数に関係なく"有"を用います。

主語+述語の文を比べてみよう

比較して覚えよう

第2章

1
- 日 私はデジカメを1台持っています。
- 英 I have a digital camera.
- 中 我 有 一 架 数码 相机。
  Wǒ yǒu yí jià shùmǎ xiàngjī.
  ウォー ヨウ イー チャー シューマー シアンチー

> "架"は機械などを数える量詞だよ。"架"は第4声だから"一"は第2声に声調が変化することを忘れないようにしようね。

2
- 日 彼はアメリカに家が1軒あります。
- 英 He has a house in America.
- 中 他 在 美国 有 一 所 房子。
  Tā zài Měiguó yǒu yì suǒ fángzi.
  ター ツァイメイクオ ヨウ イースオ ファンツ

> "所"は家などを数える量詞だよ。

3
- 日 彼女にはボーイフレンドがいません。
- 英 She doesn't have a boyfriend.
- 中 她 没 有 男朋友。
  Tā méi yǒu nánpéngyou.
  ター メイ ヨウ ナンポンヨウ

4
- 日 兄弟は何人いますか。
- 英 How many brothers and sisters do you have?
- 中 你 有 几 个 兄弟姐妹?
  Nǐ yǒu jǐ ge xiōngdìjiěmèi?
  ニー ヨウ チーガ ションティーチエメイ

> "几"は10までの数を予想して尋ねる時に使う数詞だよ。"几本书"（数冊の本）のように10までの不特定の数を意味する数詞とは違うよ。

42 haveと有 ②

「1年は 12ヵ月あります」

英語

主語S	動詞V	目的語O
A year	has	twelve months.

中国語

主語S	動詞V	目的語O
一 年	有	十二 个 月。
Yì nián	yǒu	shí'èr ge yuè.
イー ニエン	ヨウ	シーアー ガ ユエ

似てる!

- 英語も中国語も無生物が主語になっています。いわゆる無生物主語構文は、日本語ではあまり発達していませんが、英語でも中国語でも無生物が"have""有"の主語になることができます。

無生物がその物理的な縄張り領域に人や物を所有しているという意味が表されます。

主語+述語の文を比べてみよう

比較して覚えよう

主語はすべて無生物だね。

1
- 日 4月は30日あります。
- 英 April has thirty days.
- 中 四月 有 三十 天。
  Sìyuè yǒu sānshí tiān.
  スーユエ ヨウ サンシー ティエン

2
- 日 うちの学校にはアメリカ人の学生がたくさんいます。
- 英 Our school has a lot of American students.
- 中 我们 学校 有 很 多 美国 学生。
  Wǒmen xuéxiào yǒu hěn duō Měiguó xuésheng.
  ウォーメン シュエシャオ ヨウ ヘン トゥオ メイクオ シュエション

3
- 日 文学部には学生が100人います。
- 英 The Literature Department has one hundred students.
- 中 文学系 有 一 百 个 学生。
  Wénxuéxì yǒu yì bǎi ge xuésheng.
  ウェンシュエシー ヨウ イー パイ ガ シュエション

"系"は「学部」という意味だよ。

4
- 日 図書館には中国語の本が2000冊あります。
- 英 The library has two thousand Chinese books.
- 中 图书馆 有 两 千 本 中文 书。
  Túshūguǎn yǒu liǎng qiān běn Zhōngwén shū.
  トゥーシュークワン ヨウ リャンチエン ペン チョンウェン シュー

会話 決まり文句 ②

日時

- [ ] 今日は何日ですか。
What date is it today?
今天 几 号？
Jīntiān jǐ hào?
チンティエン チー ハオ

- [ ] 今日は7月5日です。
Today is July 5th.
今天 七月 五 号。
Jīntiān qīyuè wǔ hào.
チンティエン チーユエ ウー ハオ

- [ ] 明日は何曜日ですか。
What day is it tomorrow?
明天 星期 几？
Míngtiān xīngqī jǐ?
ミンティエン シンチー チー

- [ ] 明日は金曜日です。
Tomorrow is Friday.
明天 星期五。
Míngtiān xīngqīwǔ.
ミンティエン シンチーウー

- [ ] 今何時ですか。
What time is it now?
现在 几 点 了？
Xiànzài jǐ diǎn le?
シエンツァイ チー ティエン ラ

- [ ] 今8時です。
It's 8 o'clock.
现在 八 点。
Xiànzài bā diǎn.
シエンツァイ パー ティエン

- [ ] あなたは朝何時に起きますか。
What time do you get up in the morning?
你 早上 几 点 起床？
Nǐ zǎoshang jǐ diǎn qǐchuáng?
ニー ツァオシャン チー ティエン チーチュアン

- [ ] 6時半頃です。
Around 6:30.
六 点 半 左右。
Liù diǎn bàn zuǒyòu.
リュウ ティエン パン ツオヨウ

- [ ] あなたの誕生日はいつですか。
When is your birthday?
你的生日几月几号？
Nǐ de shēngrì jǐ yuè jǐ hào?
ニー ダ ションリー チー ユエ チー ハオ

- [ ] 私の誕生日は12月13日です。
My birthday is December 13th.
我的生日12月13号。
Wǒ de shēngrì shí'èryuè shísān hào.
ウォーダ ションリー シーアーユエ シーサンハオ

この日本語　英語では？　中国語では？

受け答え

□ わかります。
I understand.
我 明白。
Wǒ　míngbai.
ウォー　ミンバイ

□ わかりません。
I don't understand.
我 不 明白。
Wǒ　bù　míngbai.
ウォー　ブー ミンバイ

□ 知りません。
I don't know.
我 不 知道。
Wǒ　bù　zhīdao.
ウォー　ブー　チータオ

□ そのとおりです。
That's right.
说得对。
Shuōdeduì.
シュオダトゥイ

□ 同意します。
I agree.
我 同意。
Wǒ　tóngyì.
ウォートンイー

□ 同意しません。
I don't agree.
我 不 同意。
Wǒ　bù　tóngyì.
ウォー　ブー　トンイー

□ はい、もちろんです。
Yes, of course.
是，当然。
Shì,　dāngrán.
シー　　タンラン

□ 問題ありません。
No problem.
没 有 问题。
Méi　yǒu　wèntí.
メイ　ヨウ　ウェンティー

□ 私もそう思います。
I think so, too.
我 也 那样 想。
Wǒ　yě　nàyàng xiǎng.
ウォーイェ　ナーヤン シアン

□ ちょっと待ってください。
Just a moment, please.
请 等 一会儿。
Qǐng děng　yíhuìr.
チン　タン　　イーホア

中国語 外来語トリビア ② 中国語の外来語を見てみよう！

食べ物

英語	日本語	中国語

fast food / ファストフード
- 英語の意味をそれぞれ中国語の漢字にした語だよ。fastは"快"、foodは"餐"。意訳だね。

快餐
kuàicān
クワイツァン

hot dog / ホットドック
- 英語の意味をそれぞれ中国語の漢字にした語だよ。hotは"热"、dogは"狗"。意訳だね。

热狗
règǒu
ルーコウ

pizza / ピザ
- 英語のpizzaの発音の"比萨"と"饼"(小麦粉製の円盤状の食べ物)を合わせた語。音訳と意訳だね。

比萨饼
bǐsàbǐng
ピーサービン

salad / サラダ
- 英語のsaladの発音を中国語の漢字にした語だよ。音訳だね。

沙拉
shālā
シャーラー

chocolate / チョコレート
- 英語のchocolateの発音を中国語の漢字にした語だよ。音訳だね。

巧克力
qiǎokèlì
チャオクーリー

飲み物

英語	日本語	中国語

Coca-Cola　コカコーラ
- 英語のCoca-Colaの発音を中国語の漢字にした語だよ。音訳だね。

可口可乐
Kěkǒu kělè
クーコウクーラー

Fanta　ファンタ
- 英語のFantaの発音を中国語の漢字にした語だよ。音訳だね。

芬达
Fēndá
フェンター

coffee　コーヒー
- 英語のcoffeeの発音を中国語の漢字にした語だよ。音訳だね。

咖啡
kāfēi
カーフェイ

beer　ビール
- 英語のbeerの発音を中国語の漢字にした語だよ。"啤"と"酒"(酒)を合わせた語だよ。音訳と意訳だね。

啤酒
píjiǔ
ピーチュウ

cocktail　カクテル
- 英語の意味をそれぞれ中国語の漢字にした語だよ。cockは"鸡"tailは"尾"。意訳だね。

鸡尾酒
jīwěijiǔ
チーウェイチュウ

英語と中国語 発音コラム②

英語と中国語の子音は似ている!

　中国語の子音の中には英語の子音と発音の仕方が非常に似ているものがあります。以下の子音は、英語で書かれた中国語の本を見ると、「これらの子音は英語の子音とほぼ同じである」という説明があるくらいですから、英語の話し手は難なく発音できるというわけです。

　しかし、日本人にとっては、"f"のように普段使っていない音になると発音は、英語でも中国語でも意識的に練習しない限り、通じる音が出せるようにはなかなかなりません。

　それでは、発音のコツをヒントに英単語を声に出してみてください。そうすれば中国語の子音の感じがわかると思います。

	【発音のコツ】	【英単語】		
m	唇をしっかり閉じる	mom	mob	mock
f	上の歯先で下唇を軽くかむ	fought	fight	find
n	舌先を上の歯茎の裏側にあてる	nun	neck	need
l	舌先を上の歯茎の裏側にあてる	led	leed	luck
h	ハーと息を吐き出す感じ	he	head	hen

　発音の仕方は英語の子音とほぼ同じでも有声音（声帯を振動させて出る音）ではないものがあります。具体的には"b"、"d"です。

　bは英語の"boy"のbの発音と同じように唇をしっかり閉じてから音を出しますが、有声音ではなく無声音（声帯を振動させないで出る音）のbを出さなければなりません。仮に中国語のbの発音で"boy"を言ってみると、「ボーイ」ではなく「ポーイ」のようになります。

　dも英語の"deck"のdの発音と同じように舌先を上の歯茎の裏側につけたまま音を出しますが、やはり無声音のdを出さなければなりません。仮に中国語のdの発音で"deck"を言ってみると、「デック」ではなく「テック」になります。

第3章

時制・疑問詞などを
見てみよう

この章では、時制（過去・現在・未来）、疑問詞（5W1H）、形容詞・代名詞を使った文などさまざまな文を見ていきましょう。

43 [様態補語]

「彼女はとても速く走ります」

英語

主語 S	動詞 V	副詞	副詞
She	runs	very	fast.

中国語

主語 S	動詞 V 助詞	副詞 【様態補語】	形容詞
她	跑得	很	快。
Tā	pǎode	hěn	kuài.
ター	パオダ	ヘン	クワイ

似てる!

● 英語も中国語も「どんな風に動作が行われるのか(様態)」を説明する語句を動詞の後ろに置く言い方になっています。英語の副詞表現が中国語の様態補語にあたります。英語も中国語も「誰が」⇒「どうする」⇒「どんな風に」という順番で文が作られ、また理解されているということがわかります。

違う!

● 中国語ではその動作のようすを伝える際、動詞のあとに"得"に導かれた様態補語を置きます。英語にはない特徴です。

■ 時制・疑問詞などを見てみよう

比較して覚えよう

1
- 日 彼は英語を流暢に話します。
- 英 He speaks English fluently.
- 中 他 说 英语 说得 很 流利。
  Tā shuō Yīngyǔ shuōde hěn liúlì.
  ターシュオ インユィ シュオダ ヘン リュウリー

> 目的語の前にある動詞は省略されることがあるから、"他英语说得很流利。"もオーケーだよ。でも、目的語の後ろの動詞は省略できないよ。

2
- 日 私は泳ぐのが遅いです。
- 英 I swim slowly.
- 中 我 游泳 游得 很 慢。
  Wǒ yóuyǒng yóude hěn màn.
  ウォー ヨウヨン ヨウダ ヘン マン

3
- 日 私は車の運転がうまくありません。
- 英 I don't drive well.
- 中 我 开车 开得 不 好。
  Wǒ kāichē kāide bù hǎo.
  ウォー カイチャー カイダ プー ハオ

> 否定文は"得"のうしろに"不"を置くんだよ。

4
- 日 ナンシーは歌がうまいですか。
- 英 Does Nancy sing well?
- 中 南希 唱 歌 唱得 好 吗？
  Nánxī chàng gē chàng de hǎo ma?
  ナンシー チャン クー チャンダ ハオ マ

44 [時制] 過去①

「私は昨日、本を3冊読みました」

英語

主語 S	動詞 V	目的語 O	副詞
I	read	three books	yesterday.
			時間

中国語

主語 S	時点表現語句	動詞 V	目的語 O
我	昨天	看了	三 本 书。
Wǒ	zuótiān	kànle	sān běn shū.
ウォー	ツオティエン	カンラ	サン ペン シュー
	時間		

似てる!

● 過去に行われた具体的な行為を表す時に、英語も中国語も動詞を変化させます。英語では現在形と語形は同じですが、過去形の"read"[réd]が使われています。一方、中国語では動詞"看"のすぐあとに"了"がついています。この"了"は、目的語の前の数量詞や限定語によって過去の行為が具体的に述べられている時に動詞のあとに添えられます。例文では"书"の前の"三本"が数量詞になります。

違う!

● 時を表す語は英語では文末に、中国語では動詞より前に置きます。
● 英語の"yesterday"は副詞、中国語の"昨天"は名詞です。

時制・疑問詞などを見てみよう

比較して覚えよう

1
- 日 今日私は手紙を5通書きました。
- 英 I wrote five letters today.
- 中 今天 我 写了 五 封 信。
  Jīntiān wǒ xiěle wǔ fēng xìn.
  チンティエン ウォー シエラ ウー フォン シン

"封"は封筒に入っている物を数える量詞だよ。

2
- 日 先週の水曜日に私と彼は一緒にディズニーランドに行きました。
- 英 He and I went to Disneyland last Wednesday.
- 中 上 星期三 我 和 他 一起 去了 迪斯尼乐园。
  Shàng xīngqīsān wǒ hé tā yìqǐ qùle Dísīnílèyuán.
  シャンシンチーサン ウォー フー ター イーチー チューラ ティースーニールーユアン

3
- 日 きのう私はワインを2本飲みました。
- 英 I drank two bottles of wine yesterday.
- 中 昨天 我 喝了 两 瓶 葡萄酒。
  Zuótiān wǒ hēle liǎng píng pútaojiǔ.
  ツオティエン ウォー フーラ リャン ピン プータオチュウ

4
- 日 先月彼女は車を3台買いました。
- 英 She bought three cars last month.
- 中 上个月 她 买了 三 辆 汽车。
  Shànggeyuè tā mǎile sān liàng qìchē.
  シャンガユエ ター マイラ サン リャン チーチャー

1,3,4は数量詞によって具体的な行為が表されているね。2は"上星期三""和他"という限定語が使われているよ。

45 [時制] 過去②

「昨日は木曜日でした」

> **違う!**
>
> ● 行為や出来事が過去に起きたのかどうかは、英語では動詞を見ればわかります。しかし、中国語ではそれが動詞に現れない場合もあります。その代表的なものの1つが"是"です。他には、"喜欢"xǐhuan(好きである) "觉得" juéde(感じる)などがあります。また、ある条件の下では動詞に"了"がつかないことがあります。
>
> ● 中国語の"昨天"は時点表現語句で主語になっています。

■ 時制・疑問詞などを見てみよう

比較して覚えよう

"在""決定"は形を変えない動詞だよ。

1
- 日 1998年に私は上海にいました。
- 英 I was in Shanghai in 1998.
- 中 一九九八 年 我 在 上海。
 Yījiǔjiǔbā nián wǒ zài Shànghǎi.
 イーチュウチュウパー ニエン ウォー ツァイ シャンハイ

2
- 日 彼は飛行機で香港へ行くことに決めました。
- 英 He decided to go to Hong Kong by plane.
- 中 他 决定 坐 飞机 去 香港。
 Tā juédìng zuò fēijī qù Xiānggǎng.
 ター チュエティン ツオ フェイチー チュー シャンカン

3,4は過去の習慣的な行為を述べているので"吃""学"は変化しないよ。

3
- 日 私は北京にいた時はエビチャーハンをよく食べました。
- 英 When I was in Beijing, I often ate shrimp fried rice.
- 中 我 在 北京 的 时候，常常 吃 虾仁 炒饭。
 Wǒ zài Běijīng de shíhou, chángcháng chī xiārén chǎofàn.
 ウォー ツァイ ペイチン ダ シーホウ チャンチャン チー シャーレン チャオファン

4
- 日 今年の夏休みに私は毎日スペイン語を勉強しました。
- 英 I studied Spanish every day during this summer vacation.
- 中 今年 暑假 我 每天 学 西班牙语。
 Jīnnián shǔjià wǒ měitiān xué Xībānyáyǔ.
 チンニエン シューチャー ウォー メイティン シュエ シーパンヤーユィ

46 [時制] 現在完了①

「私はフランス語を勉強して8年になります」

英語	主語 S	動詞 V	目的語 O	副詞類 A
	I	have studied	French	for eight years.

時間：for eight years

中国語	主語 S	動詞 V	目的語 O	動詞 V	時量表現語句	助詞
	我	学	法语	学了	八年	了。
	Wǒ	xué	Fǎyǔ	xuéle	bā nián	le.
	ウォー	シュエ	ファーユィ	シュエラ	パー ニエン	ラ

時間：八年

違う!

- 英語は"have/has＋過去分詞"で現在完了の継続の意味を表すことができますが、中国語は動詞の形は変えないで、**文末に"了"を置く**ことによって、その意味を表すことができます。
- "我学法语学了八年。"なら、「私は8年間フランス語を勉強しました」という過去の行為を表すだけですが、文末に"了"を置くことによって、「これまでフランス語を8年間勉強してきた。これからも継続していく」という意味が出てきます。

時制・疑問詞などを見てみよう

比較して覚えよう

文末の"了"に注意してね。

1
- 日 私は天津に住んで20年になります。
- 英 I **have** lived in Tianjin for twenty years.
- 中 我 在 天津 住了 二十 年 了。
  Wǒ zài Tiānjīn zhùle èrshí nián le.
  ウォー ツァイ ティエンチン ヂューラ アーシー ニエン ラ

2
- 日 私は彼女と知り合って6年になります。
- 英 I **have** known her for six years.
- 中 我 认识 她 六 年 了。
  Wǒ rènshi tā liù nián le.
  ウォー レンシ ター リュウ ニエン ラ

3
- 日 彼らは結婚して5年になります。
- 英 They **have** been married for five years.
- 中 他们 结婚 五 年 了。
  Tāmen jiéhūn wǔ nián le.
  ターメン チエフン ウー ニエン ラ

4の"It's"は"It has"の短縮形だよ。

4
- 日 私が西安に来て半年になります。
- 英 **It's** been six months since I came to Xi'an.
- 中 我 来 西安 半 年 了。
  Wǒ lái Xī'ān bàn nián le.
  ウォー ライ シーアン パン ニエン ラ

47 [時制] 現在完了②

「私はカナダに２回 行ったことがあります」

似てる!

● 英語も中国語も動詞を変化させて経験の意味を表します。英語は"have/has＋過去分詞"の、中国語は"動詞＋过"の形です。"过"は助詞で「…したことがある」という意味です。

違う!

● 英語では"Canada"と"twice"を入れ替えて、"I have been twice to Canada."とは普通言いません。しかし、中国語では"我去过两次加拿大。"と言っても構いません。これは目的語の"加拿大"が地名だからです。目的語が人名や地名の時は中国語では２通りの言い方ができます。

時制・疑問詞などを見てみよう

比較して覚えよう

1
- 日 私は彼に３度会ったことがあります。
- 英 I have seen him three times.
- 中 我 见过 他 三 次。
  Wǒ jiànguo tā sān cì.
  ウォー チエン クオ ター サン ツー

> "他"は代名詞なので"三次他"とは言えないよ。

2
- 日 私はかつてイタリア語を勉強したことがあります。
- 英 I have studied Italian before.
- 中 我 曾经 学过 意大利语。
  Wǒ céngjīng xuéguo Yìdàlìyǔ.
  ウォー ツォンチン シュエ クオ イーターリーユィ

3
- 日 私はこの小説を読んだことがありません。
- 英 I have not read this novel.
- 中 我 没 看过 这 本 小说。
  Wǒ méi kànguo zhè běn xiǎoshuō.
  ウォー メイ カン クオ チャー ペン シャオシュオ

> 否定文は動詞の前に"没"を置けばいいんだよ。

4
- 日 あなたはチンタオビールを飲んだことがありますか。
- 英 Have you ever drunk Qingdao beer?
- 中 你 喝过 青岛 啤酒 吗？
  Nǐ hēguo Qīngdǎo píjiǔ ma?
  ニー フー クオ チンタオ ピーチュウ マ

> 疑問文は文末に"吗"を置けばいいね。"你喝(过)没喝过青岛啤酒？"の反復疑問文もあるよ。

48 [時制] 未来①

「私たちはこの問題を解決するでしょう」

英語

主語 S	助動詞	動詞 V	目的語 O
We	will	solve	this problem.

中国語

主語 S	副詞	動詞 V	目的語 O
我们	将	解决	这个 问题。
Wǒmen	jiāng	jiějué	zhège wèntí.
ウォーメン	チアン	チエチュエ	チャーガ ウェンティー

似てる!

● 英語で未来を表す代表的な語は"will"です。中国語でこれにあたる語としてよくあげられるのは書き言葉ですが、副詞の"将"で、「まもなく…だろう」という意味です。助動詞では"会"「(可能性があって)…するだろう」があります。

違う!

● "将""会"の2語ですべての"will"が置き換えられるというわけではありません。中国語で未来を表す他の言い方も覚える必要があります。

時制・疑問詞などを見てみよう

比較して覚えよう

中国語には未来の表し方がいくつもあるよ。

1
- 日 彼は来年3月に大学を卒業するでしょう。
- 英 He will graduate from college next March.
- 中 他 将 在 明年 三月 大学 毕业。
  Tā jiāng zài míngnián sānyuè dàxué bìyè.
  ター チアン ツァイ ミンニエン サンユエ ターシュエ ピーイエ

2
- 日 明日彼らはきっとくるでしょう。
- 英 They will certainly come tomorrow.
- 中 明天 他们 一定 会 来。
  Míngtiān tāmen yídìng huì lái.
  ミンティエン ターメン イーティン フイ ライ

"一定"は「きっと」という意味だよ。

3
- 日 父はまもなく上海に行きます。
- 英 My father is going to go to Shanghai soon.
- 中 我 爸爸 要 去 上海 了。
  Wǒ bàba yào qù Shànghǎi le.
  ウォー パーパ ヤオ チュー シャンハイ ラ

"要…了"で「まもなく…する」という意味になるよ。

4
- 日 彼女はすぐに戻ります。
- 英 She'll be back in a minute.
- 中 她 马上 就 回来。
  Tā mǎshàng jiù huílái.
  ター マーシャン チュウ フイライ

"马上"は「すぐ、ただちに」と言う意味で、"就"「じきに、すぐに」を伴うことがよくあるよ。

49 [時制] 未来②

「いつまでも君のこと を愛しているよ」

違う！

- 第48課で見たように、英語では"will＋動詞"によって未来の出来事を表すことができます。上の中国語の例文では、時間を表す語句"永远"によって未来の出来事を述べていることがわかります。
- ちなみに日本語でも「今日行く」「来年行く」という言い方では、「行く」はそのままですから、時間を示す語句で出来事が現在のことなのか未来のことなのかを判断しています。

※ "will" 以外の助動詞は第４章で見ていきます。

時制・疑問詞などを見てみよう

比較して覚えよう

1
- 日 私はあさって家にいます。
- 英 I'll be home the day after tomorrow.
- 中 我 后天 在 家。
  Wǒ hòutiān zài jiā.
  ウォー ホウティエン ツァイ チャー

2
- 日 数日したら私は彼に会いに行きます。
- 英 I'll go to see him in a few days.
- 中 过 几 天 我 去 看 他。
  Guò jǐ tiān wǒ qù kàn tā.
  クオ チーティエン ウォー チュー カン ター

> "过"は「時間が経つ」という意味だよ。

3
- 日 あなたは来週忙しいですか。
- 英 Will you be busy next week?
- 中 你 下星期 忙 不 忙？
  Nǐ xiàxīngqī máng bu máng?
  ニー シャーシンチー マン ブー マン

> "忙"は形容詞。第53課で勉強するよ。ここでは反復疑問文になっているね。

4
- 日 来年私は24歳になります。
- 英 I'll be twenty-four years old next year.
- 中 明年 我 二十四 岁 了。
  Míngnián wǒ èrshisì suì le.
  ミンニエン ウォー アーシースー スイ ラ

> "了"は文末に用いて「新しい状況になる」という意味だよ。

50 [指示代名詞] 単数

「これはパソコンです」

英語

主語 S	動詞 V	補語 C
This	is	a PC.

中国語

主語 S	動詞 V	目的語 O
这	是	电脑。
Zhè	shì	diànnǎo.
チャー	シー	ティエンナオ

※ be動詞、"是"については 第24課参照

似てる!

● 英語も中国語も、「これは…です」と近くにある物を指して言う時には、「これ」にあたる指示代名詞を用いて表現します。この表現は物だけではなく、人についても使うことができます。離れている場合は、"that""那"が使えます。

違う!

● 英語では"this"、"that"は目的語としても使えるので、"I want this/that."と言えます。ですが、中国語では"这"、"那"は使えません。"这个"、"那个"を用いて、"我要这个/那个。"になります。

52 [人称代名詞]の用い方

「私の言っていること がわかりますか」

英語

動詞V	主語S		副詞類A	
Are	you	with	me	?

中国語

主語S	動詞V	目的語O			助詞
你	懂	我 的 意思			吗？
Nǐ	dǒng	wǒ de yìsi			ma?
ニー	トン	ウォー ダ イース			マ

違う!

- 英語では代名詞 "me" がそのままむき出しの形になっています。しかし、中国語では "懂我" とは言えません。「私」を理解するのではなく、「私の言っていること」を理解するというような言い方になります。この点では日本語に近寄った表し方です。
- ただし、"我爱你。"(I love you.) の "你" のように代名詞をそのままの形で使う言い方はもちろんあります。こちらの方は英語に近寄っています。

時制・疑問詞などを見てみよう

比較して覚えよう

1
- 日 これは図書館です。
- 英 This is a library.
- 中 这 是 图书馆。
  Zhè shì túshūguǎn.
  チャー シー トゥーシュークワン

心理的な近さ遠さによって指示代名詞を使いわけるんだね。

2
- 日 こちらが私の母です。
- 英 This is my mother.
- 中 这 是 我 妈妈。
  Zhè shì wǒ māma.
  チャー シー ウォー マーマ

2, 4は英語でも中国語でも人を紹介する時に使えるね。

3
- 日 あれは公園です。
- 英 That is a park.
- 中 那 是 公园。
  Nà shì gōngyuán.
  ナー シー コンユアン

4
- 日 あちらが私の弟です。
- 英 That is my younger brother.
- 中 那 是 我 弟弟。
  Nà shì wǒ dìdi.
  ナー シー ウォー ティーティ

51 [指示代名詞] 複数

「これらは私の本です」

英語

主語 S	動詞 V	補語 C
These	are	my books.

中国語

主語 S	動詞 V	目的語 O
这些	是	我 的 书。
Zhèxiē	shì	wǒ de shū.
チャーシエ	シー	ウォー ダ シュー

似てる!

- "this"、"这"の複数形が"these""这些"で近くの複数の人や物を指すことができます。離れている複数の人や物を指す場合は、"those""那些"が使われます。
- また、英語でも中国語でも、このままの形で動詞の目的語になることができます。"I want these/those."は"我要这些/那些。"となります。

時制・疑問詞などを見てみよう

比較して覚えよう

1
- 日 これらはロボットです。
- 英 These are robots.
- 中 这些 是 机器人。
  Zhèxiē shì jīqìrén.
  チャーシエ シー チーチーレン

> 英語では名詞が複数形になることを忘れないでね。

2
- 日 こちらは私の友達です。
- 英 These are my friends.
- 中 这些 是 我 朋友。
  Zhèxiē shì wǒ péngyou.
  チャーシエ シー ウォー ポンヨウ

> 中国語は"是"も名詞も語形を変えないね。

3
- 日 あれらはクレジットカードです。
- 英 Those are credit cards.
- 中 那些 是 信用卡。
  Nàxiē shì xìnyòngkǎ.
  ナーシエ シー シンヨンカー

4
- 日 あちらは大学生です。
- 英 Those are college students.
- 中 那些 是 大学生。
  Nàxiē shì dàxuéshēng.
  ナーシエ シー ターシュエション

時制・疑問詞などを見てみよう

比較して覚えよう

1
- 日 私の話を聞いてください。
- 英 Listen to me.
- 中 你听我的话。
  Nǐ tīng wǒ de huà.
  ニー ティン ウォー ダ ホア

2は"I agree to your opinion."という言い方ももちろんできるよね。

2
- 日 私はあなたの意見に同意します。
- 英 I agree with you.
- 中 我同意你的意见。
  Wǒ tóngyì nǐ de yìjian.
  ウォー トンイー ニー ダ イーチエン

3
- 日 私たちは彼女の意見には同意しません。
- 英 We don't agree with her.
- 中 我们不同意她的意见。
  Wǒmen bù tóngyì tā de yìjian.
  ウォーメン プー トンイー ター ダ イーチエン

英語は代名詞がむき出しだね。中国語では"的"が使われているよ。

4
- 日 私は彼から連絡をもらっていません。
- 英 I haven't heard from him.
- 中 我没收到他的信。
  Wǒ méi shōudào tā de xìn.
  ウォー メイ ショウタオ ター ダ シン

53 [形容詞] 叙述①

「私はとても忙しいです」

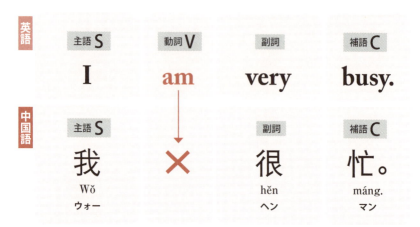

> **違う!**
>
> ● 人や物の性質や状態を表す時、英語の形容詞には"be"動詞が必要です。しかし、中国語では形容詞はそれだけで述語になることができるので、"be"動詞にあたるものは必要ありません。
> ● "很"は強く読まれると「とても」という意味が出てきますが、強く読まれなければ特に意味はありません。しかし、形容詞が述語になり、文を安定させるためには必要な語なので「おかざりの"很"」と呼ばれています。

時制・疑問詞などを見てみよう

比較して覚えよう

1
- 日 これはとてもいいです。
- 英 This is very good.
- 中 这个 很 好。
  Zhège hěn hǎo.
  チャーガ ヘン ハオ

> この"很"はおかざりだから強く読まないんだよ。

2
- 日 今日は寒いです。
- 英 It's cold today.
- 中 今天 很 冷。
  Jīntiān hěn lěng.
  チンティエン ヘン ロン

3
- 日 中国語は難しくありません。
- 英 Chinese is not difficult.
- 中 汉语 不 难。
  Hànyǔ bù nán.
  ハンユィー プーナン

> 否定文は"很"を取って"不"を形容詞の前に置けばいいよ。

4
- 日 この帽子は値段が高いですか。
- 英 Is this hat expensive?
- 中 这 顶 帽子 贵 吗？
  Zhè dǐng màozi guì ma?
  チャー ティン マオツ クイ マ

> 疑問文は文末に"吗"を置けばいいよ。また、"这顶帽子贵不贵?"の反復疑問文もあるよ。

54 [副詞] 叙述②

「この博物館は とても大きいです」

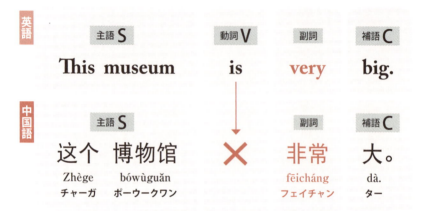

> **似てる!**
>
> ● 形容詞の意味を強調する時には、英語でも中国語でも、「強調語＋形容詞」の語順になります。強調語は英語でも中国語でも副詞です。
>
> ● "很"以外の強調語は強く読まれなくても、その意味が出てきます。"非常"の英語訳には、"very""really""extremely"などがあてられています。

時制・疑問詞などを見てみよう

比較して覚えよう

1
- 日 私の妹は本当に可愛いです。
- 英 My younger sister is really cute.
- 中 我 妹妹 真 可爱。
  Wǒ mèimei zhēn kě'ài.
  ウォー メイメイ チェン クーアイ

第3章

2
- 日 この部屋は特に狭いです。
- 英 This room is particularly small.
- 中 这 间 屋子 特别 小。
  Zhè jiān wūzi tèbié xiǎo.
  チャー チエン ウーツ トゥーピエ シャオ

> "间"は部屋を数える量詞。

3
- 日 このワインは甘すぎます。
- 英 This glass of wine is too sweet.
- 中 这 杯 葡萄酒 太 甜。
  Zhè bēi pútaojiǔ tài tián.
  チャー ペイ プータオチュウ タイ ティエン

4
- 日 私は少し疲れています。
- 英 I am a bit tired.
- 中 我 有点儿 累 了。
  Wǒ yǒudiǎnr lèi le.
  ウォー ヨウティアー レイ ラ

> "有点儿"は好ましくないことを表す形容詞に使われるけど、実は英語の"bit"も好ましくない度合いが高いことを表す語なんだよ。似ているね。

55 [疑問詞] who と 谁

「彼は誰ですか」

英語

疑問詞	動詞 V	主語 S
Who	is	he ?

中国語

主語 S	動詞 V	疑問詞
他	是	**谁** ?
Tā	shì	shéi?
ター	シー	シェイ

似てる!

● 「誰」にあたる疑問詞は英語では"who"、中国語では"谁"です。ともに主語になることができ、単数にも複数にも用いられます。

違う!

● "谁"は"都 dōu"などの前に置かれると「誰でも(everyone)という意味で使われますが、"who"にはそのような用法はありません。

例：谁 都 知道 东京 是 日本 的 首都。
Shéi dōu zhīdao Dōngjīng shì Rìběn de shǒudū.
Everyone knows that Tokyo is the capital of Japan.
(東京が日本の首都であることは誰でも知っています)

■ 時制・疑問詞などを見てみよう

比較して覚えよう

1
- 日 あなたたちの英語の先生は誰ですか。
- 英 Who is your English teacher?
- 中 谁 是 你们 的 英文 老师？
  Shéi shì nǐmen de Yīngwén lǎoshī?
  シェイ シー ニーメン ダ インウェン ラオシー

2
- 日 あなたは誰を探していますか。
- 英 Who are you looking for?
- 中 你 找 谁？
  Nǐ zhǎo shéi?
  ニー チャオ シェイ

> 2の"找"は「探す」という意味。"谁"は目的語にもなるんだね。

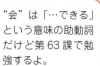

3
- 日 誰が日本語を話すことができますか。
- 英 Who can speak Japanese?
- 中 谁 会 说 日语？
  Shéi huì shuō Rìyǔ?
  シェイ フイ シュオ リーユィ

> "会"は「…できる」という意味の助動詞だけど第63課で勉強するよ。

4
- 日 誰が知っていますか（誰も知りませんよ）。
- 英 Who knows?
- 中 谁 知道 呢？
  Shéi zhīdao ne?
  シェイ チー タオ ナ

> 英語も中国語も疑問文だけど否定の意味になるね。

第3章

56 [疑問詞] whose と 谁的

「これは誰の傘ですか」

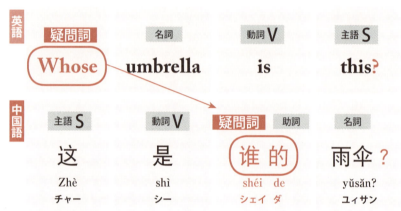

> **似てる!**
>
> - 英語では"whose"にあたる中国語は"谁"に助詞の"的"をつけた"谁的"です。ともに「誰の」「誰のもの」という意味で使われます。
>
>   ちなみに「この傘は誰のですか」は、以下のようになります。
>
>   Whose is this umbrella?
>   这 把 雨伞 是 谁 的？
>   Zhè bǎ yǔsǎn shì shéi de?
>
>   ※"把"は握り部分のある物を数える量詞。

時制・疑問詞などを見てみよう

比較して覚えよう

1
- 日 これは誰の腕時計ですか。
- 英 Whose watch is this?
- 中 这 是 谁 的 手表？
  Zhè shì shéi de shǒubiǎo?
  チャー シー シェイ ダ ショウピャオ

2
- 日 この腕時計は誰のですか。
- 英 Whose is this watch?
- 中 这 块 手表 是 谁 的？
  Zhè kuài shǒubiǎo shì shéi de?
  チャー クワイ ショウピャオ シー シェイ ダ

3
- 日 あれは誰の財布ですか。
- 英 Whose wallet is that?
- 中 那 是 谁 的 钱包？
  Nà shì shéi de qiánbāo?
  ナー シー シェイ ダ チエンパオ

4
- 日 李さんは誰の上司ですか。
- 英 Whose boss is Mr. Lee?
- 中 李 先生 是 谁 的 上司？
  Lǐ xiānsheng shì shéi de shàngsi?
  リー シェンション シー シェイ ダ シャンス

4の"先生"は"Mr."にあたるよ。"Mrs."、"Ms."には"夫人"（fūrén）"小姐"（xiǎojie）を覚えておこう。

57 [疑問詞] what と 什么

「これは何ですか」

英語

疑問詞	動詞 V	主語 S
What	is	this?

中国語

主語 S	動詞 V	疑問詞
这 Zhè チャー	是 shì シー	**什么?** shénme? シェンマ

似てる!

● 「何」「何の」にあたる疑問詞は英語では"what"、中国語では"什么"です。ともに主語になることができます。また、「何の…」というようにどちらも名詞の前に置くことができます。

違う!

● 疑問文で動詞の目的語になる時は、"什么"は文頭に持ってくる必要はありません。一方、疑問詞の"what"は文頭に置きます。

時制・疑問詞などを見てみよう

比較して覚えよう

1
- 日 民主主義とは何ですか。
- 英 What is democracy?
- 中 什么 是 民主主义？
  Shénme shì mínzhǔzhǔyì?
  シェンマ シー ミンチューチューイー

> 1は"什么"が文頭に来て英語と似ているね。

2
- 日 あなたは何が食べたいですか。
- 英 What would you like to eat?
- 中 你 想 吃 什么？
  Nǐ xiǎng chī shénme?
  ニー シアン チー シェンマ

3
- 日 あなたは何色が好きですか。
- 英 What colors do you like?
- 中 你 喜欢 什么 颜色？
  Nǐ xǐhuan shéme yánsè?
  ニー シーホアン シェンマ イェンスー

> 3、4は"什么"が名詞の前に来ているね。

4
- 日 どんな仕事をしていますか。
- 英 What kind of work do you do?
- 中 你 做 什么 工作？
  Nǐ zuò shénme gōngzuò?
  ニー ツオ シェンマ コンツオ

> "做"は「(仕事などを)する」という意味だよ。

58 any と [疑問詞] 什么

「何か質問はありますか」

英語

主語S	動詞V		目的語O	
Do you	have	**any**	questions	?

中国語

動詞V	疑問詞	目的語O	助詞
有	什么	问题	吗?
Yǒu	shénme	wèntí	ma?
ヨウ	シェンマ	ウェンティー	マ

似てる!

- 物を特定しようとして「何が」と尋ねるのではなく、不特定の「何か」と聞く時には、英語では"something""anything""any"などで表します。
- 一方、中国語では、疑問詞"什么"を使い、文末に"吗"を置いてその意味を伝えることができます。

時制・疑問詞などを見てみよう

比較して覚えよう

1
- 日 何か飲み物はありますか。
- 英 Is there anything to drink?
- 中 有 什么 喝 的 吗？
  Yǒu shénme hē de ma?
  ヨウ シェンマ フーダ マ

2
- 日 あなたは何か食べたいですか。
- 英 Would you like to eat something?
- 中 你 想 吃 点儿 什么 吗？
  Nǐ xiǎng chī diǎnr shénme ma?
  ニー シアン チー ティアー シェンマ マ

"点儿"は少量の物を表す量詞。

3
- 日 あなたは何か見えますか。
- 英 Can you see anything?
- 中 你 能 看见 什么 吗？
  Nǐ néng kànjiàn shénme ma?
  ニー ノン カンチエン シェンマ マ

英語は"something" "anything" "any"などさまざまだね。"能"は第64課で勉強するよ。

4
- 日 彼は何か楽器が演奏できますか。
- 英 Can he play any musical instrument?
- 中 他 会 演奏 什么 乐器 吗？
  Tā huì yǎnzòu shénme yuèqì ma?
  ター フイ イエンツォウ シェンマ ユエチー マ

59 [疑問詞] when と 什么时候

「映画はいつ始まりますか」

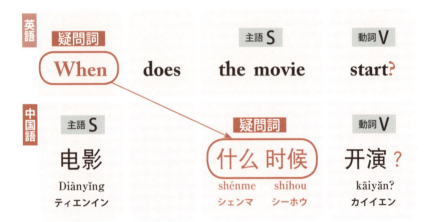

似てる!

●「いつ」にあたる疑問詞は英語では"when"、中国語では"什么时候"です。ともに日時を尋ねる時に使われます。

違う!

●「いつ…ですか」という疑問文では"when"は文頭に来ますが、"什么时候"は主語と動詞の間に来ます。また、"什么时候"は次のように"sometime"の意味で使われることもあります。

什么 时候 一起 去 看 电影 吧。
Shénme shíhou yìqǐ qù kàn diànyǐng ba.
Let's go to the movies sometime.
（いつか映画に行きましょう）

時制・疑問詞などを見てみよう

比較して覚えよう

1
- 日 あなたはいつ買物に行きますか。
- 英 When are you going to go shopping?
- 中 你 什么 时候 去 买 东西？
  Nǐ shénme shíhou qù mǎi dōngxi?
  ニー シェンマ シーホウ チューマイトンシ

2
- 日 あなたはいつ結婚しますか。
- 英 When are you getting married?
- 中 你 什么 时候 结婚？
  Nǐ shénme shíhou jiéhūn?
  ニー シェンマ シーホウ チエフン

主語と動詞の間に"什么 时候"が置かれているね。

3
- 日 いつ会いましょうか。
- 英 When are we going to meet?
- 中 我们 什么 时候 见面？
  Wǒmen shénme shíhou jiànmiàn?
  ウォーメン シェンマ シーホウ チエンミエン

英語は進行形で未来を表しているよ。

4
- 日 彼らはいつ日本に来ますか。
- 英 When are they coming to Japan?
- 中 他们 什么 时候 来 日本？
  Tāmen shénme shíhou lái Rìběn?
  ターメン シェンマ シーホウ ライ リーペン

60 [疑問詞] where と 哪儿

「彼はどこに いますか」

英語

疑問詞	動詞 V	主語 S
Where	is	he?

中国語

主語 S	動詞 V	疑問詞
他 Tā ター	在 zài ツァイ	**哪儿?** nǎr? ナー

似てる!

● 「どこ」にあたる疑問詞は英語では"where"、中国語では"哪儿"です。ともに場所を尋ねる時に使われます。

違う!

● 「どこで…しますか」という疑問文では"哪儿"だけでは使われず、"在哪儿"の形で用います。この"在"は「…で」という意味の前置詞です。

時制・疑問詞などを見てみよう

比較して覚えよう

1
- 日 あなたのパスポートはどこにありますか。
- 英 Where is your passport?
- 中 你的护照在哪儿？
  Nǐ de hùzhào zài nǎr?
  ニー ダ フーチャオ ツァイ ナー

> 1は"在"は「ある、いる」という意味の動詞

2
- 日 あなたはどこにお勤めですか。
- 英 Where do you work?
- 中 你在哪儿工作？
  Nǐ zài nǎr gōngzuò?
  ニー ツァイ ナー コンツオ

3
- 日 あなたはどこにお住まいですか。
- 英 Where do you live?
- 中 你在哪儿住？
  Nǐ zài nǎr zhù?
  ニー ツァイ ナー ヂュー

> 2, 3 "在"は「…で」という意味の前置詞だよ。

4
- 日 あなたはどこに行くのですか。
- 英 Where are you going?
- 中 你去哪儿？
  Nǐ qù nǎr?
  ニー チュー ナー

61 [疑問詞] why と 为什么

「あなたはなぜ英語を勉強しているのですか」

似てる!

- 「なぜ」にあたる疑問詞は英語では"why"、中国語では"为什么"です。ともに原因や理由を尋ねる時に使われます。英語では"what…for?"(何のために)が"why"と同じように使われますが、中国語の"为什么"は、"为"(…のために)と"什么"(何)を合わせて、「何のために」という意味ですからよく似た言い方です。
- また、答える時の英語の"because"には、中国語の"因为"があたります。

時制・疑問詞などを見てみよう

比較して覚えよう

1
- 日 なぜあなたは彼と結婚したいのですか。
- 英 **Why** do you want to marry him?
- 中 你 **为 什么** 要 跟 他 结婚？
  Nǐ wèi shénme yào gēn tā jiéhūn?
  ニー ウェイ シェンマ ヤオ ケン ター チエフン

「彼を愛しているからです」と答える時は、"因为我爱他。"（Yīnwèi wǒ ài tā.）と言えばいいよ。

2
- 日 なぜあなたは泣いているのですか。
- 英 **Why** are you crying?
- 中 你 **为 什么** 哭？
  Nǐ wèi shénme kū?
  ニー ウェイ シェンマ クー

3
- 日 彼はなぜ昨日ここへ来なかったのですか。
- 英 **Why** didn't he come here yesterday?
- 中 他 昨天 **为 什么** 没 来 这儿？
  Tā zuótiān wèi shénme méi lái zhèr?
  ター ツオティエン ウェイ シェンマ メイ ライ チャー

過去の事実の否定だから"没"が使われているね。

4
- 日 なぜ彼女はタバコを吸わないのですか。
- 英 **Why** doesn't she smoke?
- 中 她 **为 什么** 不 抽 烟？
  Tā wèi shénme bù chōu yān?
  ター ウェイ シェンマ プー チョウ イエン

現在の事実の否定だから"不"が使われているね。

62 [疑問詞] how と 怎么

「地下鉄の駅へは どうやって行きますか」

> **似てる!**
>
> ● 「どうやって」にあたる疑問詞は英語では"how"、中国語では"怎么"です。ともに手段や方法を尋ねる時に使われます。

> **違う!**
>
> ● 英語では"you"が文の主語になりますが、中国語では人を表に出さない言い方になっています。この点は日本語に似ています。

時制・疑問詞などを見てみよう

比較して覚えよう

1
- 日 目黒へはどうやって行きますか。
- 英 How do you get to Meguro?
- 中 去 目黑 怎么 走?
  Qù Mùhēi zěnme zǒu?
  チュー ムーヘイ ツェンマ ツォウ

> 1, 2の中国語では人間が主語にはなっていないね。

2
- 日 あなたの名前はどう読むのですか。
- 英 How do you pronounce your name?
- 中 你 的 名字 怎么 念?
  Nǐ de míngzi zěnme niàn?
  ニー ダ ミンツ ツェンマ ニエン

3
- 日 あなたはどうやって大学に行きますか。
- 英 How do you get to college?
- 中 你 怎么 去 大学?
  Nǐ zěnme qù dàxue?
  ニー ツェンマ チュー ターシュエ

4
- 日 あなたはギョーザの作りかたを知っていますか。
- 英 Do you know how to make dumplings?
- 中 你 知道 怎么 包 饺子 吗?
  Nǐ zhīdao zěnme bāo jiǎozi ma?
  ニー チータオ ツェンマ パオ チャオツ マ

> 4の"how to＋動詞"は"怎么＋動詞"にあたるね。

第3章

会話 決まり文句 ③

疑問詞文

- [ ] 何？
  What?
  什么？
  Shénme?
  シェンマ

- [ ] どっちですか？
  Which one?
  哪个？
  Năge?
  ナーガ

- [ ] 何とおっしゃいましたか？
  What did you say?
  你说什么？
  Nǐ shuō shénme?
  ニー シュオ シェンマ

- [ ] トイレはどこですか？
  Where is the bathroom?
  厕所在哪儿？
  Cèsuǒ zài nǎr?
  ツァースオ ツァイ ナー

- [ ] どういう意味ですか？
  What do you mean?
  什么意思？
  Shénme yìsi?
  シェンマ イース

- [ ] なぜですか？
  Why?
  为什么？
  Wèi shénme?
  ウェイ シェンマ

- [ ] 誰？
  Who?
  谁？
  Shéi?
  シェイ

- [ ] いくらですか？
  How much?
  多少钱？
  Duōshao qián?
  トゥオシャオ チエン

- [ ] 誰の？
  Whose?
  谁的？
  Shéi de?
  シェイ ダ

- [ ] どのくらい時間がかかりますか？
  How long does it take?
  要多久？
  Yào duō jiǔ?
  ヤオ トゥオ チュウ

この日本語　英語では？　中国語では？

自己紹介（1）

☐ あなたは学生ですか。
Are you a student?
你是学生吗？
Nǐ shì xuésheng ma?
ニー　シー　シュエション　マ

☐ 私は主婦です。
I am a housewife.
我是主妇。
Wǒ shì zhǔfù.
ウォーシー　ジューフー

☐ 私は大学生です。
I am a college student.
我是大学生。
Wǒ shì dàxuéshēng.
ウォー　シー　ターシュエション

☐ 私は仕事が忙しいです。
I am busy with my work.
我工作很忙。
Wǒ gōngzuò hěn máng.
ウォー　コンツオ　ヘン　マン

☐ あなたは何を勉強していますか。
What are you studying?
你在学什么？
Nǐ zài xué shénme?
ニー　ツァイ　シュエ　シェンマ

☐ あなたの趣味は何ですか。
What are your hobbies?
你的爱好是什么？
Nǐ de àihào shì shénme?
ニー　ダ　アイハオ　シー　シェンマ

☐ 私は中国語を勉強しています。
I am studying Chinese.
我在学汉语。
Wǒ zài xué Hànyǔ.
ウォー　ツァイ　シュエ　ハンユィ

☐ 私の趣味は音楽を聞くことです。
My hobby is listening to music.
我的爱好是听音乐。
Wǒ de àihào shì tīng yīngyuè.
ウォー　ダ　アイハオ　シー　ティン　インユエ

☐ 私は会社員です。
I am a company employee.
我是公司职员。
Wǒ shì gōngsī zhíyuán.
ウォー　シー　コンスー　ヂーユアン

☐ 私は映画を見ることが好きです。
I like watching movies.
我喜欢看电影。
Wǒ xǐhuan kàn diànyǐng.
ウォー　シーホアン　カン　ティエンイン

153

中国語 外来語トリビア ③ 中国語の外来語を見てみよう!

ファッション

英語 / 日本語 / 中国語

---

miniskirt ミニスカート

● 英語の"mini"の発音を中国語の漢字にした"迷你"と"裙"(スカート)を合わせた語だよ。音訳と意訳だね。

迷你裙
mínǐqún
ミーニーチュン

T-shirt Tシャツ

● 英語のTを用い、shirtの発音を中国語の漢字にした"恤"と"衫"(ひとえの服)を合わせた語だよ。音訳と意訳だね。

T恤衫
T xùshān
ティーシューシャン

---

sunglasses サングラス

● 英語の意味をそれぞれ中国語の漢字にした語だよ。"sun"は"太阳"、"glasses"は"镜"。意訳だね。

太阳镜
tàiyángjìng
タイヤンチン

---

muffler マフラー

● 英語のmuffler(覆うもの)にあたる中国語で、"围"(覆う)と"巾"(布)からできているよ。意訳だね。

围巾
wéijīn
ウェイチン

---

brooch ブローチ

● 英語のbroochは胸に留めて使うので中国語では"胸"(胸)と"针"(針)からできているよ。意訳だね。

胸针
xiōngzhēn
シオンヂェン

身だしなみ

fashion　ファッション
- 「流行の」「服装」をそれぞれ意味する中国語の"时"と"装"からできているね。意訳だね。

时装
shízhuāng
シーヂュアン

cool　クール
- 「かっこいい」を意味する英語のcoolの発音を中国語の漢字にした語だよ。音訳だね。

酷
kù
クー

foundation　ファンデーション
- 「化粧の下地」を意味する英語のfoundationの発音を中国語の漢字にした語だよ。音訳だね。

粉底霜
fěndǐshuāng
フェンティーシュワン

shampoo　シャンプー
- 英語のshampooの発音を中国語の漢字にした語だよ。音訳だね。

香波
xiāngbō
シアンポー

mousse　ムース
- 「整髪料」を意味する英語のmousseの発音を中国語の漢字にした語だよ。音訳だね。

摩丝
mósī
モースー

英語と中国語 発音コラム③

有気音って何？

有気音という言葉からどんなことが思い浮かぶでしょうか。

英語の発音練習をしたことがある人は、"pipe""tight""kick"といった"p, t, k"の音を出す時は、口の前に紙を置いて紙が揺れるようにして練習するように言われたかもしれません。中国人はこれらの有気音を含む英単語の発音が上手です。それは実は中国語にも有気音があるからです。中国語の有気音は、"p, t, k, q, c, ch"です。以下、1つずつ見ていきましょう。

> p … 唇を閉じて息をためてから強く吐き出すように、"pipe""pen""pop""pay"と発音してください。同じpでも語頭のpの方が息は強くなります。
>
> t … 舌先を上の歯の裏側につけて、息をためてから強く吐き出すように"tight""time""ten""tape"と発音してください。この場合も語頭のtの方が息は強くなります。
>
> k … 喉をしめるような感じで息をためてから強く吐き出すように"kick""key""kite""cake"と発音してください。この場合も語頭のkの方が息は強くなります。
>
> q … 口を左右に引いて、息をためてから強く吐き出すように"cheese""cheap""choose""chit"と発音してください。
>
> c … は舌先を舌の歯茎の裏側につけたまま息をためてから強く吐き出すように"cats""mats""bats""dates"と発音してください。日本語の「ツ」よりかなり強く発音しなければなりません。

chは英語と中国語発音コラム④で扱うことにします。

英語と中国語の有気音の大きな違いは、英語では有気音で発音できなくても単語の意味は変わりませんが、中国語の単語は有気音を無気音で発音すると、次のように意味が変わってしまうことです。

　　tǎ 塔　　dǎ 打　　jī 鸡　　qī 七　　pào 泡　　bào 报

第4章

助動詞やさまざまな文を見てみよう

この章では、助動詞・進行形・命令文・前置詞・関係代名詞・比較・受動態などさまざまな文をとりあげています。

63 [助動詞] can と 会

「私は中国語を少し話すことができます」

英語

主語 S	助動詞	動詞 V	不定冠詞	形容詞	目的語 O
I	can	speak	a	little	Chinese.

中国語

主語 S	助動詞	動詞 V	量詞	目的語 O
我	会	说	一点儿	汉语。
Wǒ	huì	shuō	yìdiǎnr	Hànyǔ.
ウォー	フイ	シュオ	イーティア	ハンユィ

似てる!

- 英語でも中国語でも、動詞の前に助動詞を置くことによって、話し手の気持ちを添えることができます。中国語の"会"は訓練によって習得して「…できる」という意味を表します。これは英語の"can"にあたります。
- "一点儿"も"a little"も少しの量や程度を表します。ともに目的語「中国語」の前に置かれています。

助動詞やさまざまな文を見てみよう

比較して覚えよう

1
- 日 私はゴルフができます。
- 英 I can play golf.
- 中 我 会 打 高尔夫球。
  Wǒ huì dǎ gāo'ěrfūqiú.
  ウォー フイ ター カオアーフーチュウ

2
- 日 彼女はピアノを弾くことができます。
- 英 She can play the piano.
- 中 她 会 弹 钢琴。
  Tā huì tán gāngqín.
  ター フイ タン カンチン

3
- 日 私はテニスはできますが、スキーはできません。
- 英 I can play tennis, but I can't ski.
- 中 我 会 打 网球，但是 不会 滑雪。
  Wǒ huì dǎ wǎngqiú, dànshì bú huì huáxuě.
  ウォー フイ ター ワンチュウ タンシー プー フイ ホアシュエ

"但是"は「しかし」という意味だよ。

4
- 日 あなたは泳げますか。
- 英 Can you swim?
- 中 你 会 游泳 吗？
  Nǐ huì yóuyǒng ma?
  ニー フイ ヨウヨン マ

4 疑問文は文末に"吗"を置けばいいね。"你会不会游泳?"の反復疑問文もあるよ。答えは、肯定なら"会。"、否定なら"不会。"だよ。

64 [助動詞] can と 能

「私は1万メートル泳ぐことができます」

英語

主語S	助動詞	動詞V	目的語O
I	can	swim	ten thousand meters.

中国語

主語S	助動詞	動詞V	目的語O	
我	能	游	一万	米。
Wǒ	néng	yóu	yíwàn	mǐ.
ウォー	ノン	ヨウ	イーワン	ミー

似てる!

- 中国語の"能"は能力があって、あるいは条件が備わって「…できる」という意味を表します。これは英語の"can"にあたります。
- 距離を表す"ten thousand meters"も"一万米"もともに動詞のあとに置かれています。

違う!

- 「車は運転できるけれど、明日は忙しいので行くことができない」という場合、英語では"can drive"、"can't go"とどちらも"can"が使えますが、中国語では、"会开车"、"不能去"と"会"と"能"を使い分けます。

助動詞やさまざまな文を見てみよう

比較して覚えよう

1
- 日 私は豚肉と牛肉を食べることができます。
- 英 I can eat pork and beef.
- 中 我 能 吃 猪肉 和 牛肉。
  Wǒ néng chī zhūròu hé niúròu.
  ウォー ノン チー ヂューロウ フー ニュウロウ

2
- 日 彼は30分で10キロ走ることができます。
- 英 He can run ten kilometers in half an hour.
- 中 他 三十 分钟 能 跑 十 公里。
  Tā sānshí fēnzhōng néng pǎo shí gōnglǐ.
  ター サンシー フェンチョン ノン パオ シー コンリー

3
- 日 来週の金曜日は来られません。
- 英 I won't be able to come next Friday.
- 中 下 星期五 我 不 能 来。
  Xià xīngqīwǔ wǒ bù néng lái.
  シャー シンチーウー ウォー ブー ノン ライ

3 は否定文。"不"を使うよ。

4
- 日 あなたは数学を教えることができますか。
- 英 Can you teach math?
- 中 你 能 教 数学 吗？
  Nǐ néng jiāo shùxué ma?
  ニー ノン チャオ シューシュエ マ

4 の疑問文は文末に"吗"を置けばいいね。"你能不能教数学？"の反復疑問文もあるよ。答えは、肯定なら"能。"、否定なら"不能。"。

65 [助動詞] should と 应该

「あなたは彼女を助けるべきです」

英語

主語 S	助動詞	動詞 V	目的語 O
You	should	help	her.

中国語

主語 S	助動詞	動詞 V	目的語 O
你	应该	帮助	她。
Nǐ	yīnggāi	bāngzhù	tā.
ニー	インカイ	パンチュー	ター

似てる!

- 中国語の"应该"は「…すべきである」「…しなければならない」という義務はもちろん「…した方がいい」という提案の意味を表します。これにあたるのが英語の"should"です。英語の"should"に提案の意味があることは辞書で確認しましょう。
- また、"ought to＋動詞"の訳にも"应该＋動詞"が使われることもあります。

助動詞やさまざまな文を見てみよう

比較して覚えよう

1
- 日 あなたは彼女に電話すべきですよ。
- 英 You should call her.
- 中 你 应该 给 她 打 电话。
  Nǐ yīnggāi gěi tā dǎ diànhuà.
  ニー インカイ ケイ ター ター ティエンホア

2
- 日 これは私たちがすべきことです。
- 英 This is what we should do.
- 中 这 是 我们 应该 做 的。
  Zhè shì wǒmen yīnggāi zuò de.
  チャー シー ウォーメン インカイ ツオ ダ

3
- 日 みなさん遅れてはいけません。
- 英 You shouldn't be late.
- 中 你们 不 应该 迟到。
  Nǐmen bù yīnggāi chídào.
  ニーメン ブー インカイ チータオ

4
- 日 弁護士を呼ぶべきですか。
- 英 Should I call the lawyer?
- 中 我 应该 叫 律师 吗?
  Wǒ yīnggāi jiào lǜshī ma?
  ウォー インカイ チャオ リューシー マ

4 疑問文は文末に"吗"を置けばいいね。"我应该不应该叫律师?"の反復疑問文もあるよ。答えは、肯定なら"应该。"、否定なら"不应该。"。"应该不应该"は"该"を略して"应不应该"となることもあるよ。

第4章

66 [助動詞] may と 可以

「入ってもいいですよ」

英語

主語 S	助動詞	句動詞 PV
You	may	come in.

中国語

主語 S	助動詞	動詞 V
你	可以	进来。
Wǒ	kěyǐ	jìnlai.
ニー	クーイー	チンライ

似てる!

- 中国語の"可以"は「…してもよい」という許可の意味を表します。これにあたるのが英語の"may"です。許可の「…してかまわない」「…してよい」という意味の"can"が使われることもあります。
- "可以"はまた、"明天我可以去买东西。"(明日私は買物に行けます)のように「…できる」という意味で"能"と同じように使われることもあります。

助動詞やさまざまな文を見てみよう

比較して覚えよう

1
- 日 私の携帯電話を使ってもいいですよ。
- 英 You may use my cellphone.
- 中 你 可以 用 我 的 手机。
  Nǐ kěyǐ yòng wǒ de shǒujī.
  ニー クーイー ヨン ウォー ダ ショウチー

2
- 日 泳ぎに行ってもいいですよ。
- 英 You may go swimming.
- 中 你 可以 去 游泳。
  Nǐ kěyǐ qù yóuyǒng.
  ニー クーイー チュー ヨウヨン

3 否定文には"不可以"も使うけれど、"不能"もよく使うよ。

3
- 日 ここに車を止めてはいけません。
- 英 You can't park here.
- 中 你 不可以 在 这儿 停车。
  Nǐ bù kěyǐ zài zhèr tíngchē.
  ニー ブー クーイー ツァイ チャー ティンチャー

4
- 日 ビールを飲んでもいいですか。
- 英 May I drink beer?
- 中 我 可以 喝 啤酒 吗？
  Wǒ kěyǐ hē píjiǔ ma?
  ウォー クーイー フー ピーチュウ マ

4 疑問文は文末に"吗"を置けばいいね。"我可以不可以喝啤酒?"の反復疑問文もあるよ。答えは、肯定なら"可以。"、否定なら"不能。"だよ。
　"可以不可以"は"以"を略して"可不可以"となることもあるよ。

67 would like to と [助動詞] 想

「私はギョーザを食べたいです」

英語

主語 S	助動詞相当句	動詞 V	目的語 O
I	would like to	have	dumplings.

中国語

主語 S	助動詞	動詞 V	目的語 O
我	想	吃	饺子。
Wǒ	xiǎng	chī	jiǎozi.
ウォー	シアン	チー	チャオツ

似てる!

- 中国語の"想+動詞"は「…したい」という欲求や希望を表します。これにあたるのが英語の"would like to+動詞"です。
- 英語の"want to +動詞"も"想+動詞"で訳されます。"would like to+動詞"の方が"want to +動詞"よりもやや控えめな言い方ですが、そこまで厳密には訳し分けられてはいません。

助動詞やさまざまな文を見てみよう

比較して覚えよう

1
- 日 私はカナダに行きたいです。
- 英 I would like to go to Canada.
- 中 我 想 去 加拿大。
  Wǒ xiǎng qù Jiānádà.
  ウォー シアン チュー チャーナーター

2
- 日 私はセーターを1枚買いたいです。
- 英 I would like to buy a sweater.
- 中 我 想 买 一 件 毛衣。
  Wǒ xiǎng mǎi yí jiàn máoyī.
  ウォー シアン マイ イー チェン マオイー

3
- 日 私はフランス語を勉強したくありません。
- 英 I don't want to study French.
- 中 我 不 想 学 法语。
  Wǒ bù xiǎng xué Fǎyǔ.
  ウォー ブー シアン シュエ ファーユィ

4
- 日 あなたはワインが飲みたいですか。
- 英 Do you want to drink wine?
- 中 你 想 喝 葡萄酒 吗？
  Nǐ xiǎng hē pútaojiǔ ma?
  ニー シアン フー プータオチュウ マ

4 疑問文は文末に"吗"を置けばいいね。"你想不想喝葡萄酒？"の反復疑問文もあるよ。答えは肯定なら"想喝。"、否定なら"不想喝。"だよ。

68 have to と [助動詞] 得

「私はこの本を読まなければなりません」

英語

主語 S	助動詞相当句	動詞 V	目的語 O
I	have to	read	this book.

中国語

主語 S	助動詞	動詞 V	目的語 O
我	得	看	这 本 书。
Wǒ	děi	kàn	zhè běn shū.
ウォー	テイ	カン	チャー ペン シュー

似てる！

- 中国語の"得＋動詞"は「…しなければならない」という必然性を表します。これにあたる英語が"have/has to ＋動詞"です。
- 英語の"must ＋動詞"も"得＋動詞"で訳されることがあります。"have/has to ＋動詞"は客観的な状況から、"must ＋動詞"は主観的で切迫して「…しなければならない」という違いはあります。しかし、中国語ではそこまで厳密には訳し分けられてはいません。

違う！

- 否定文では、英語は"don't/doesn't have to＋動詞"ですが、中国語では"不得＋動詞"は使いません。"不用（búyòng）＋動詞"などが用いられます。

助動詞やさまざまな文を見てみよう

比較して覚えよう

1
- 日 おいとましなければなりません。
- 英 I have to go.
- 中 我 得 走 了。
  Wǒ děi zǒu le.
  ウォー テイ ツォウラ

2
- 日 私たちは彼女に謝らなければなりません。
- 英 We have to apolozige to her.
- 中 我们 得 跟 她 道歉。
  Wǒmen děi gēn tā dàoqiàn.
  ウォーメン テイ ケンター タオチエン

3
- 日 あなたは明日ここへ来る必要はありません。
- 英 You don't have to come here tomorrow.
- 中 你 明天 不用 来 这儿。
  Nǐ míngtiān bú yòng lái zhèr.
  ニーミンティエン プーヨン ライ チャー

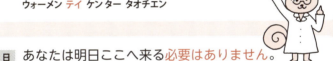

3 "不用＋動詞"が使われているね。

4
- 日 彼の話を聞かなければなりませんか。
- 英 Do I have to listen to him?
- 中 我 得 听 他 的 话 吗?
  Wǒ děi tīng tā de huà ma?
  ウォー テイ ティン ター ダ ホア マ

4 疑問文は文末に"吗"を置けばいいね。答えは、肯定なら"得。"、否定なら"不用。"だよ。

69 [進行形]「be＋動詞ing」と「在＋動詞」

「私は音楽を聞いています」

英語

主語 S	動詞 V		副詞類 A	
I	am	listening	to	music.

中国語

主語 S	副詞	動詞 V	目的語 O
我	在	听	音乐。
Wǒ	zài	tīng	yīnyuè.
ウォー	ツァイ	ティン	インユエ

似てる！

- 英語は"be＋動詞ing"で、中国語は"在＋動詞"で、進行中の動作を表します。
- 英語の"be"動詞は主語がどんな状態で存在するのかを表します。ここでは、彼が「音楽を聞いている状態で存在している」という意味です。
- 中国語の"在"も場所だけではなく状態の存在を表します。彼が「音楽を聞いている状態で存在している」という意味になります。

助動詞やさまざまな文を見てみよう

比較して覚えよう

1
- 日 私たちは会議中です。
- 英 We are having a meeting.
- 中 我们 在 开会。
  Wǒmen zài kāihuì.
  ウォーメン ツァイ カイフイ

> 2は英語も中国語も過去進行形だよ。

2
- 日 私はその年はドイツ語を勉強していました。
- 英 I was studying German that year.
- 中 我 那年 在 学 德语。
  Wǒ nànián zài xué Déyǔ.
  ウォー ナーニエン ツァイ シュエ トゥーユィ

3
- 日 彼は新聞を読んでいません。
- 英 He is not reading a newspaper.
- 中 他 没 在 看 报。
  Tā méi zài kàn bào.
  ター メイ ツァイ カン パオ

> 3 否定文は"没"を"在"の前に置けばいいんだ。"在"は消えることもあるよ。

4
- 日 彼はパソコンを修理していますか。
- 英 Is he reparing the PC?
- 中 他 在 修理 电脑 吗？
  Tā zài xiūlǐ diànnǎo ma?
  ター ツァイ シュウリー ティエンナオ マ

> 4の疑問文は文末に"吗"を置けばいいんだよ。答えは肯定なら、"对。"(Duì)か"是。"(Shì)、否定なら"没有。"(Méiyǒu)。

第4章

70 [命令文] please と 请

「お座りください」

英語

副詞 / 動詞V

Please **sit down.**

中国語

動詞V / 動詞V

请 **坐。**
Qǐng / zuò.
チン / ツオ

似てる!

● 英語でも中国語でも命令文は動詞で始めます。そのトーンを和らげるはたらきをするのが、英語では"please"(副詞)、中国語では"请"(動詞)です。

違う!

● 英語では"Sit down, please."とも言えますが、中国語では"坐请。"とは言えません。
● 中国語では文末に提案、依頼の意味の助詞"吧"を添えて、"请坐吧。"とするとさらに和らいだ言い方にできます。

> 助動詞やさまざまな文を見てみよう

比較して覚えよう

1
- 日 お茶をどうぞ。
- 英 Please have some tea.
- 中 请 喝 茶。
  Qǐng hē chá.
  チン フー チャー

2
- 日 お入りください。
- 英 Please come in.
- 中 请 进来。
  Qǐng jìnlai.
  チン チンライ

3
- 日 ちょっとお待ちください。
- 英 Please wait a second.
- 中 请 等 一下。
  Qǐng děng yíxià.
  チン タン イーシャー

> 3 "一下"は「しばらくの間、ちょっと」という意味だよ。

4
- 日 ゆっくり話してください。
- 英 Please speak slowly.
- 中 请 慢慢儿 说。
  Qǐng mànmānr shuō.
  チン マンマー シュオ

71 [命令文] don't と 不要/別

「タバコを吸ってはいけません」

英語

助動詞
Don't

動詞 V
smoke.

中国語

助動詞
不要
Búyào
プーヤオ

動詞 V
抽 烟。
chōu　yān.
チョウ　イエン

似てる!

● 英語では否定形の命令文を作る時、動詞の前に"Don't"を置きます。中国語ではこれにあたるのが、"不要"(助動詞)、"別"(副詞)で、ともに「…してはいけない」という禁止の意味を表します。

違う!

● "不要""別"は動詞だけではなく形容詞の前にもそのままの形で置くことができますが、"Don't"のあとに形容詞が来る時は、"be"などの動詞が必要です。
※右ページ例文2 "Don't be late."

助動詞やさまざまな文を見てみよう

比較して覚えよう

1
- 日 遠慮しないでください。
- 英 Don't stand on ceremony.
- 中 不要 客气。
  Búyào kèqi.
  プーヤオ クーチ

> 1 英語では、"Don't be polite." "Make yourself at home." などと訳されることもあるよ。

2
- 日 遅れてはいけません。
- 英 Don't be late.
- 中 不要 迟到。
  Búyào chídào.
  プーヤオ チータオ

3
- 日 動くな。
- 英 Don't move.
- 中 别 动。
  Bié dòng.
  ビエ トン

4
- 日 ドアを開けないでください。
- 英 Don't open the door.
- 中 别 开门。
  Bié kāimén.
  ビエ カイメン

72 [不定詞] と [連動文]

「私には住む家が あります」

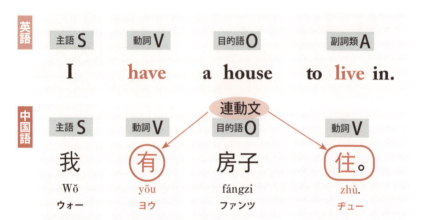

似てる!

● 連動文と聞くと難しい印象を受けますが、これは動詞が連続している文という意味です。英文を解釈する時には、「あと戻りしないで理解しなさい」とよく言われますが、これはネイティブ・スピーカーと同じように動詞の表す順番に意味を理解しなさいということです。中国語でも、あと戻りしないで動詞の順に理解すれば文がわかりやすいという点は同じです。

違う!

● 連動文は英語では不定詞の用法にあたります。しかし、中国語では、英語の "to" にあたる語は使われていません。

助動詞やさまざまな文を見てみよう

比較して覚えよう

1

日 私は中国語を話す機会がありません。

英 I don't have the opportunity to speak Chinese.

中 我 没 有 机会 说 汉语。
Wǒ méi yǒu jīhuì shuō Hànyǔ.
ウォー メイ ヨウ チーフイ シュオ ハンユィ

> 1 英語は「…するための」という不定詞の形容詞的用法だね。

2

日 私はその雑誌を買いに本屋に行きます。

英 I'm going to the bookstore to buy that magazine.

中 我 去 书店 买 那 本 杂志。
Wǒ qù shūdiàn mǎi nà běn zázhì.
ウォー チュー シューティエン マイ ナー ペン ツァーヂー

3

日 私はアメリカに留学したいです。

英 I'd like to go to America to study.

中 我 想 去 美国 留学。
Wǒ xiǎng qù Měiguó liúxué.
ウォー シアン チュー メイクオ リュウシュエ

> 2, 3, 4 「…するために」という不定詞の目的用法だよ。

4

日 私の中国人の友達はよく飲みに私の家に来ます。

英 My Chinese friends often come to my house to drink alcohol.

中 我 的 中国 朋友 常常 来 我 家 喝 酒。
Wǒ de Zhōngguó péngyou chángcháng lái wǒ jiā hē jiǔ.
ウォーダ チョングオ ポンヨウ チャンチャン ライ ウォー チャー フー チュウ

第4章

73 [関係代名詞] と [名詞の修飾] 的

「これはジョンが建てた家です」

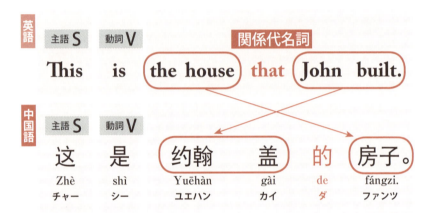

> **違う！**
>
> - 英語には関係代名詞があります。名詞を取り出して、後ろから説明を加えていく表し方です。
> - 中国語には日本語と同じように関係代名詞がないので、前から名詞に説明を加えていきます。「…するところの」にあたる言い方が助詞の"的"です。「説明語句＋的＋名詞」の語順になります。

助動詞やさまざまな文を見てみよう

比較して覚えよう

1
- 日 これらは私が借りたい本です。
- 英 These are the books I'd like to check out.
- 中 这些是我想借的书。
Zhèxiē shì wǒ xiǎng jiè de shū.
チャーシエ シー ウォー シアン チエ ダ シュー

> 1 カウンターで「本を借ります」と言いたい時は、"Check out."でいいよ。英語は関係代名詞は省略されているね。

2
- 日 これは彼が書いた小説です。
- 英 This is the novel which he wrote.
- 中 这是他写的小说。
Zhè shì tā xiě de xiǎoshuō.
チャー シー ター シエ ダ シャオシュオ

3
- 日 中国語が話せる医者はいますか。
- 英 Is there a doctor who can speak Chinese?
- 中 有能说汉语的医生吗？
Yǒu néng shuō Hànyǔ de yīshēng ma?
ヨウ ノン シュオ ハンユィ ダ イーションマ

4
- 日 私は母の作る和食が好きです。
- 英 I like the Japanese food that my mother cooks.
- 中 我喜欢我妈妈做的日本菜。
Wǒ xǐhuan wǒ māma zuò de Rìběncài.
ウォー シーフアン ウォー マーマ ツオ ダ リーペンツァイ

74 [前置詞] for と 给 / to と 対・到 / from と 从・离

「私は父にネクタイを1本買いました」

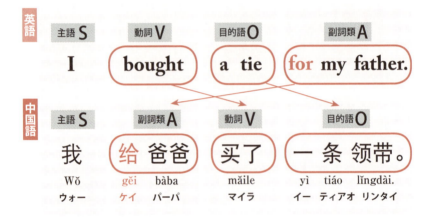

> **似てる!**
> - 中国語では漢字の語順で意味が決まりますが、英語の前置詞にあたる語はもちろんあります。例文では"给"は"for"に相当します。
> - 他にも「…に対して」「…から〜まで」「…と」など言い方は、中国語でも前置詞という分類がされています。

> **違う!**
> - 英語では、普通は「前置詞+名詞」が動詞のあとに来ますが、中国語では、動詞や形容詞の前に来ます。

助動詞やさまざまな文を見てみよう

比較して覚えよう

1
- 日 彼は私たちにとても親切です。
- 英 He is very kind to us.
- 中 他 对 我们 很 热情。
  Tā duì wǒmen hěn rèqíng.
  ター トゥイ ウォーメン ヘン ルーチン

> 1 "很热情"の前に"对我们"が来ているね。

2
- 日 彼女たちは韓国の出身です。
- 英 They come from Korea.
- 中 她们 从 韩国 来。
  Tāmen cóng Hánguó lái.
  ターメン ツォン ハンクオ ライ

> 2 "来"の前に"从韩国"が来ているね。

3
- 日 ここから上海まで300キロあります。
- 英 It's three hundred kilometers from here to Shanghai.
- 中 从 这儿 到 上海 有 三百 公里。
  Cóng zhèr dào Shànghǎi yǒu sānbǎi gōnglǐ.
  ツォン チャー タオ シャンハイ ヨウ サンパイ コンリー

> 3 from A to Bと从A到Bを対照させて覚えようね。

4
- 日 ロサンゼルスはニューヨークから遠いです。
- 英 Los Angeles is far from New York.
- 中 洛杉矶 离 纽约 很 远。
  Luòshānjī lí Niǔyuē hěn yuǎn.
  ルオシャンチー リー ニュウユエ ヘン ユアン

75 [強調構文] 是…的

「私は飛行機で行ったのです」

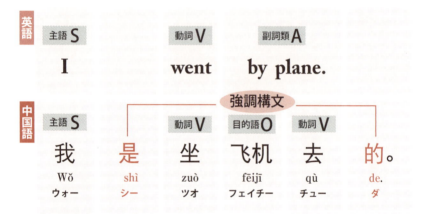

似てる!

● 英語にも中国語にも、すでに完了した行為の行われた時間・場所・手段・原因などを強調する言い方があります。中国語では"是…的"の構文を使います。"是"のあとにあって動詞の前にある語句が強調されます。"是"は省略されることもあります。英語では"It is…that 〜 ."の強調構文を使って、"It was by plane that I went."のように訳されることもあります。

違う!

● 英語の強調構文は現在や未来の行為一般についても使えますが、"是…的"は現在や未来の行為の確認、肯定などに限られます。

助動詞やさまざまな文を見てみよう

比較して覚えよう

1
- 日 彼はタクシーで来たのです。
- 英 He came *by taxi*.
- 中 他 是 坐 出租车 来 的。
  Tā shì zuò chūzūchē lái de.
  ター シー ツオ チューツーチャー ライ ダ

2
- 日 この辞書は私が買ったのです。
- 英 *I* bought this dictionary.
- 中 这 本 词典 是 我 买 的。
  Zhè běn cídiǎn shì wǒ mǎi de.
  チャー ペン ツーティエン シー ウォー マイ ダ

3
- 日 彼らはどこで野球をしたのですか。
- 英 *Where* did they play baseball?
- 中 他们 是 在 哪儿 打 棒球 的?
  Tāmen shì zài nǎr dǎ bàngqiú de?
  ターメン シー ツァイ ナー ター パンチュウ ダ

> イタリック体の部分は強く読まれるよ。

4
- 日 彼女は先週の水曜日にパリに行ったのです。
- 英 She went to Paris *last Wednesday*.
- 中 她 是 上 星期三 去 的 巴黎。
  Tā shì shàng xīngqīsān qù de Bālí.
  ター シー シャン シンチーサン チュウ ダ パーリー

> 4 "去"の目的語の"巴黎"が"的"の後に来ることもあるんだよ。

76 [比較] than と 比

「メアリーはジャック より背が高いです」

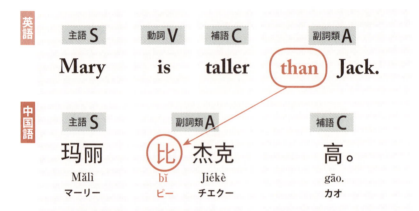

> **違う!**
> - 中国語の"A＋比＋B＋形容詞。"は「AはBより…」であるという比較の意味を表します。英語でこれにあたるのが、"A＋形容詞の比較級＋than B."の言い方です。両方を比べると、英語は比較した結果を先に述べますが、中国語はあとに述べています。この点では日本語と似ています。
> - "比"は「…よりも」「…に比べて」という意味の前置詞です。

助動詞やさまざまな文を見てみよう

比較して覚えよう

1
- 日 このパソコンはあのパソコンより値段が高いです。
- 英 This PC is more expensive than that one.
- 中 这台电脑比那台电脑贵。
  Zhè tái diànnǎo bǐ nà tái diànnǎo guì.
  チャー タイ ティエンナオ ピー ナー タイ ティエンナオ クイ

2
- 日 中国語は英語より難しいです。
- 英 Chinese is more difficult than Englsih.
- 中 汉语比英语难。
  Hànyǔ bǐ Yīngyǔ nán.
  ハンユィー ピー インユィー ナン

3
- 日 日本はアメリカほど大きくありません。
- 英 Japan is not as big as America.
- 中 日本没有美国大。
  Rìběn méi yǒu Měiguó dà.
  リーペン メイヨウ メイクオ ター

3　否定形は"A＋没有＋B＋形容詞。"の形がよく使われるよ。

4
- 日 彼は私より年下ですか。
- 英 Is he younger than me?
- 中 他比我小吗？
  Tā bǐ wǒ xiǎo ma?
  ター ピー ウォー シャオ マ

4　疑問文は文末に"吗"を置けばいいんだよ。答えは、肯定なら"小。"、否定なら"不小。"だよ。

77 [受動態] byと被

「ジョンは犬に噛まれました」

英語

主語 S　　　　動詞 V　　　　　　　　副詞類 A
　　　　　　　　過去分詞

John　　　was bitten　by　a dog.

中国語

主語 S　　　　副詞類 A　　　　動詞 V

约翰　　　　　被　狗　　　咬 了。
Yuēhàn　　　 bèi gǒu　　　yǎo le.
ユエハン　　　ペイ コウ　　　ヤオ ラ

似てる!

● 英語も中国語も、人や物がどんな影響を受けたのかを表す言い方になっています。中国語の"被"が行為者を導き受動態を表していますが、これは英語の"by"にあたります。

違う!

● 中国語では英語ほど受動態は使われません。以下の文は中国語では受動態では表現しません。

This book was written by him.
这本书是他写的。
Zhè běn shū shì tā xiě de.
（この本は彼によって書かれました）

助動詞やさまざまな文を見てみよう

比較して覚えよう

1
- 日 ショーロンポーは彼女によって食べられてしまいました。
- 英 The steamed dumplings were finished by her.
- 中 小笼包 被 她 吃完 了。
  Xiǎolóngbāo bèi tā chīwán le.
  シャオロンパオ ベイ ター チーワン ラ

2
- 日 そのテレビは彼によって修理されました。
- 英 The TV set was mended by him.
- 中 那 台 电视机 被 他 修好 了。
  Nà tái diànshìjī bèi tā xiūhǎo le.
  ナー タイ ティエンシーチー ベイ ター シュウハオ ラ

2, 3 受動態で好ましい内容も表すことができるよ。

3
- 日 鍵は弟によって見つけられました。
- 英 The key was found by my younger brother.
- 中 钥匙 被 我 弟弟 找到 了。
  Yàoshi bèi wǒ dìdi zhǎodào le.
  ヤオシ ベイ ウォー ティーティ チャオタオ ラ

4
- 日 私の携帯電話が盗まれました。
- 英 My cellphone was stolen.
- 中 我 的 手机 被 偷走 了。
  Wǒ de shǒujī bèi tōuzǒu le.
  ウォーダ ショウチー ベイ トウツォウ ラ

4 英語と同じように「誰によって」かは示されない言い方もあるよ。

78 [副詞] again と 再/又

「もう一度言ってください」

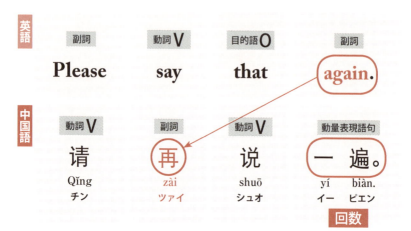

違う!

- 例文からは、英語の"again"は中国語の"再"にあたり「ふたたび」「また」という意味だとわかります。しかし、"再"はこれから起きる繰り返しについて述べる時に使われます。すでに起きた繰り返しについて言う時には、"再"ではなく"又"(yòu)を用いなければなりません。

※右ページ例文1、2参照

> 助動詞やさまざまな文を見てみよう

比較して覚えよう

1
- 日 私は今日また郵便局へ行きました。
- 英 I went to the post office again today.
- 中 我 今天 又 去 了 邮局。
  Wǒ jīntiān yòu qù le yóujú.
  ウォー チンティエン ヨウ チューラ ヨウジュー

> 1,2 過去の出来事だから"又"が使われているね。

2
- 日 彼は昨日また来ました。
- 英 He came again yesterday.
- 中 他 昨天 又 来 了。
  Tā zuótiān yòu lái le.
  ター ツオティエン ヨウ ライラ

3
- 日 私は明日また郵便局へ行きます。
- 英 I'll go to the post office again tomorrow.
- 中 我 明天 再 去 邮局。
  Wǒ míngtiān zài qù yóujú.
  ウォー ミンティエン ツァイ チュー ヨウジュー

> 3,4 未来の出来事だから"再"が使われているね。

4
- 日 あなたは明日また来れますか。
- 英 Can you come again tomorrow?
- 中 你 能 明天 再 来 吗？
  Nǐ néng míngtiān zài lái ma?
  ニー ノン ミンティエン ツァイ ライ マ

79 「it＋動詞」と [存現文]「動詞＋目的語」

「雨が降っています」

英語

主語 S	動詞 V
It	is raining.

中国語（存現文）

動詞 V	目的語 O	助詞
下	雨	了。
Xià	yǔ	le.
シャー	ユィイ	ラ

違う!

- 英語では"it"が主語になっています。中国語には主語はありません。"下"(降る)は動詞で"雨"は目的語です。このように、中国語では「雨や雪が降る」「霜や霧が降りる」といった自然現象を表すときは動詞が先に来ることがあります。
- また、英語では"rain"には名詞と動詞の用法がありますが、中国語の"雨"が動詞で使われることはありません。

助動詞やさまざまな文を見てみよう

比較して覚えよう

1
- 日 バンクーバーは冬は雪が降りますか。
- 英 Does it snow in Vancouver in winter?
- 中 温哥华 冬天 下 雪 吗？
  Wēngēhuá dōngtiān xià xuě ma?
  ウェンクーホア トンティエン シャー シュエ マ

2
- 日 明日は雨だと思います。
- 英 I think it will rain tomorrow.
- 中 我 看 明天 会 下 雨。
  Wǒ kàn míngtiān huì xià yǔ.
  ウォー カン ミンティエン フイ シャー ユィイ

3
- 日 雨はもうやみました。
- 英 The rain has already stopped.
- 中 雨 已经 停 了。
  Yǔ yǐjīng tíng le.
  ユィイ イーチン ティン ラ

> 3 降っていた雨は限定されるから、中国語では"雨"が主語になっているし、英語では"rain"に定冠詞(the)がついているね。

4
- 日 外は風がとても強いです。
- 英 It's very windy outside.
- 中 外头 刮 大风。
  Wàitou guā dàfēng.
  ワイトウ クア ターフォン

> 4 "刮"は「(風が)吹く」という意味だよ。

80 「主語＋述語」と［主述述語文］「主題＋叙述」

「私の母は 体が元気です」

英語

主語 S　　　　　　　　　　述語
　　　　　　　　　　動詞 V　　補語 C
My　mother　　　　is　　healthy.

中国語

主語 S　　　　　　　　　　述語
　　　　　　　　　　主語 S　　述語
我 妈妈　　　　　身体　　很 好。
Wǒ　māma　　　shēntǐ　　hěn hǎo.
ウォー　マーマ　　シェンティ　ヘン　ハオ

違う！

- 中国語には、文頭に述べたい話題を置いて、そのあとにさらに説明を加える言い方があります。上の中国語の文は「**主述述語文**」と言います。「**主語＋述語」のまとまりが述語になっている文**という意味です。
- 英語でも "That I believe." のような言い方ができないわけではありませんが、これは目的語を前に出す表し方で、ごく普通に使われているわけではありません。

助動詞やさまざまな文を見てみよう

比較して覚えよう

1
- 日 私のボーイフレンドは背がとても高いです。
- 英 My boyfriend is very tall.
- 中 我 男朋友 个子 很 高。
  Wǒ nánpépngyou gèzi hěn gāo.
  ウォー ナンポンヨウ クーツ ヘン カオ

2
- 日 日本は山が多いです。
- 英 Japan is mountainous.
- 中 日本 山 很 多。
  Rìběn shān hěn duō.
  リーペン シャン ヘン トゥオ

1、2は状態を表す文だね。

3
- 日 北京は、私は3回行ったことがあります。
- 英 I have been to Beijing three times.
- 中 北京 我 去过 三 次。
  Běijīng wǒ qùguo sān cì.
  ペイチン ウォー チュークオ サンツー

3、4は行為を表す文だね。

4
- 日 ワインは、彼はもう飲みました。
- 英 He has already drunk the wine.
- 中 葡萄酒 他 已经 喝 了。
  Pútaojiǔ tā yǐjīng hē le.
  プータオチュウ ター イーチン フー ラ

会話 決まり文句 ④

自己紹介（2）

☐ あなたはどこに住んでいますか。
Where do you live?
你 住 在 哪儿？
Nǐ zhù zài nǎr?
ニー ヂュー ツァイ ナー

☐ 私は東京に住んでいます。
I live in Tokyo.
我 住 在 东京。
Wǒ zhù zài Dōngjīng.
ウォー ヂューツァイ トンチン

☐ あなたの家は何人家族ですか。
How many people are there in your family?
你 家 有 几 口 人？
Nǐ jiā yǒu jǐ kǒu rén?
ニー チャー ヨウ チー コウ レン

☐ 私の家は5人家族です。
We are a family of five.
我 家 有 五 口 人。
Wǒ jiā yǒu wǔ kǒu rén.
ウォー チャー ヨウ ウー コウ レン

☐ あなたは結婚していますか。
Are you married?
你 结婚 了 吗？
Nǐ jiéhūn le ma?
ニー チエフン ラ マ

☐ 私は結婚しています。
I am married.
我 结婚 了。
Wǒ jiéhūn le.
ウォー チエフン ラ

☐ 私は結婚していません。
I am not married.
我 没 结婚。
Wǒ méi jiéhūn.
ウォー メイ チエフン

☐ あなたには子供はいますか。
Do you have children?
你 有 孩子 吗？
Nǐ yǒu háizi ma?
ニー ヨウ ハイツ マ

☐ 私には子供が2人います。
I have two children.
我 有 两 个 孩子。
Wǒ yǒu liǎng ge háizi.
ウォー ヨウ リャン ガ ハイツ

☐ 私の息子は小学生です。
My son is an elementary school pupil.
我 儿子 是 小学生。
Wǒ érzi shì xiǎoxuéshēng.
ウォー アーツ シー シャオシュエション

この日本語　英語では？　中国語では？

食事

- [ ] 私はお腹がすいています。
  I am hungry.
  我饿了。
  Wǒ è le.
  ウォー ウー ラ

- [ ] 私はのどが渇いています。
  I am thirsty.
  我渴了。
  Wǒ kě le.
  ウォー クー ラ

- [ ] ウエイターさん！
  Waiter!
  服务员！
  Fúwùyuán!
  フーウーユエン

- [ ] 何になさいますか。
  What would you like?
  您要什么？
  Nín yào shénme?
  ニン ヤオ シェンマ

- [ ] 私は北京ダックをもらいます。
  I would like Peking duck.
  我要北京烤鸭。
  Wǒ yào Běijīngkǎoyā.
  ウォーヤオ ペイチンカオヤー

- [ ] ビールを2本持ってきてください。
  Two bottles of beer, please.
  来两个啤酒。
  Lái liǎng ge píjiǔ.
  ライ リャン ガ ピーチュウ

- [ ] 乾杯。
  Cheers.
  干杯。
  Gānbēi.
  カンペイ

- [ ] これはおいしいです。
  This is delicious.
  这个很好吃。
  Zhège hěn hǎochī.
  チャーガ ヘン ハオチー

- [ ] お腹いっぱいになりました。
  I am full.
  我吃饱了。
  Wǒ chībǎo le.
  ウォー チーバオ ラ

- [ ] お勘定をお願いします。
  The bill, please.
  请结帐。
  Qǐng jiézhàng.
  チン チエヂャン

中国語 外来語トリビア ④ 中国語の外来語を見てみよう！

企業名

英語	日本語	中国語
McDonald's	マクドナルド	麦当劳 Màidāngláo マイタンラオ

●英語のMcdonald'sの発音を中国語の漢字にした語だよ。音訳だね。

| **Kentucky** | ケンタッキー | 肯德基 Kěndéjī ケントゥーチー |

●英語のKentuckyの発音を中国語の漢字にした語だよ。音訳だね。

| **Starbucks** | スターバックス | 星巴克 Xīngbākè シンパークー |

●英語のstarを意味する"星"と英語のbucksの発音"巴克"を合わせた語だよ。意訳と音訳だね。

| **Lawson** | ローソン | 罗森 Luósēn ルオセン |

●英語のLawsonの発音を中国語の漢字にした語だよ。音訳だね。

| **Wal-Mart** | ウォルマート | 沃尔玛 Wò'ěrmǎ ウォーアーマー |

●英語のWal-Martの発音を中国語の漢字にした語だよ。音訳だね。

都市名

英語	日本語	中国語

Rome　ローマ
- 英語のRomeの発音を中国語の漢字にした語だよ。音訳だね。

罗马
Luómǎ
ルオマー

Paris　パリ
- 英語のParisの発音を中国語の漢字にした語だよ。音訳だね。

巴黎
Bālí
パーリー

London　ロンドン
- 英語のLondonの発音を中国語の漢字にした語だよ。音訳だね。

伦敦
Lúndūn
ルントゥン

New York　ニューヨーク
- 英語のNew Yorkの発音を中国語の漢字にした語だよ。音訳だね。

纽约
Niǔyuē
ニュウユエ

Los Angeles　ロサンゼルス
- 英語のLos Angelesの発音を中国語の漢字にした語だよ。音訳だね。

洛杉矶
Luòshānjī
ルオシャンチー

英語と中国語 発音コラム④

中国語のそり舌音は英語に似ている！

　そり舌音とは、ピンインでは、"zh" "ch" "sh" "r" と表記されますが、発音する時に文字どおり舌がそり上がるのでこのように呼ばれます。英単語を使って練習すれば、うまく音が出せるようになります。

---

ch… 舌先を上の歯茎の裏側に押しあてて少し力を入れてください。これが出だしの状態です。次に手のひらを口から３センチくらい離れた所に置きます。これで準備完了です。このまま英語の"China"を発音します。ただし ch は有気音ですから、強く息を吐き出しながら発音するのがコツです。"China"以外にも、"chat" "check" "chase" "change" "chowder" と発音してみてください。

zh… "ch" と同じやり方で発音しますが、息が手のひらに当たるように吐き出す必要はありません。その分だけやさしいと感じるでしょう。

sh… "ch" と同じように舌先を上の歯茎の裏側に押しあてたあと少し隙間を作ってください。"she" "shy" "shop" "show" "shake" と発音してください。これが "sh" の感じです。

r… "sh" と同じ舌の位置にしたあと、舌先をやや奥にずらしてから音を出すようにします。"run" "rat" "rid" "wrong" と発音してください。

　それでは、そり舌音が集中して出てくる文を読んでみましょう。すらすら読めるようになるまで練習してください。

1. これは何の本ですか。

    这 是 什么 书？
    Zhè shì shénme shū?

2. 日々これ好日。

    日 日 是 好 日。
    Rì rì shì hǎo rì.

単語集

1	人称、代名詞	16	動物
2	家族	17	スポーツ
3	身体	18	自然
4	曜日、日、週	19	乗り物
5	日	20	ホテル
6	月	21	お店
7	主な国名 ①	22	電気製品
8	主な国名 ②	23	果物
9	食事 ①	24	職業
10	食事 ②	25	主な動詞 ①
11	食事 ③	26	主な動詞 ②
12	野菜 ①	27	主な形容詞 ①
13	野菜 ②	28	主な形容詞 ②
14	飲み物	29	主な形容詞 ③
15	色	30	主な形容詞 ④

1 人称、代名詞

日本語	英語	中国語	ピンイン	カナルビ
私	I	我	wǒ	ウォー
私たち	we	我们	wǒmen	ウォーメン
あなた	you	你	nǐ	ニー
あなた(目上)	you	您	nín	ニン
あなたたち	you	你们	nǐmen	ニーメン
彼・彼女	he, she	他・她	tā・tā	ター・ター
彼ら	they	他们	tāmen	ターメン
これ	this	这个	zhège	チャーガ
それ	that	那个	nàge	ナーガ
あれ	that	那个	nàge	ナーガ
どれ	which	哪个	nǎge	ナーガ
ここ	here	这里	zhèli	チャーリ
そこ	there	那里	nàli	ナーリ
あそこ	there	那里	nàli	ナーリ
どこ	where	哪里	nǎli	ナーリ

2 家族

日本語	英語	中国語	ピンイン	カナルビ
お父さん	father	爸爸	bàba	パーパ
お母さん	mother	妈妈	māma	マーマ
兄	older brother	哥哥	gēge	クーク
弟	younger brother	弟弟	dìdi	ティーティ
姉	older sister	姐姐	jiějie	チエチエ
妹	younger sister	妹妹	mèimei	メイメイ
夫	husband	丈夫	zhàngfu	チャンフ
妻	wife	妻子	qīzi	チーツ
子供	child	孩子	háizi	ハイツ
息子	son	儿子	érzi	アーツ
娘	daughter	女儿	nǚ'ér	ニューアー
婿	son-in-law	婿	xù	シュー
嫁	daugher-in-law	媳妇	xífù	シーフー
祖父	grandfather	爷爷 老爷	yéye lǎoye	イエイエ ラオイエ
祖母	grandmother	奶奶 姥姥	nǎinai lǎolao	ナイナイ ラオラオ

3 身体

日本語	英語	中国語	ピンイン	カナルビ
頭	head	头	tóu	トウ
顔	face	脸	liǎn	リエン
目	eye	眼睛	yǎnjing	イエンチン
鼻	nose	鼻子	bízi	ピーツ
口	mouth	嘴	zuǐ	ツゥエイ
舌	tongue	舌头	shétou	シェートウ
耳	ear	耳朵	ěrduǒ	アートゥオ
首	neck	脖子	bózi	ポーツ
肩	shoulder	肩膀	jiānbǎng	チエンパン
腕	arm	胳膊	gēbó	クーポー
手	hand	手	shǒu	ショウ
足	foot	腿	tuǐ	トゥイ
脚	leg	脚	jiǎo	チャオ
指	finger	指头	zhǐtóu	チートウ
腹	belly	肚子	dùzi	トゥーツ

4 曜日、日、週

日本語	英語	中国語	ピンイン	カナルビ
月曜日	Monday	星期一	xīngqīyī	シンチーイー
火曜日	Tuesday	星期二	xīngqī'èr	シンチーアー
水曜日	Wednesday	星期三	xīngqīsān	シンチーサン
木曜日	Thursday	星期四	xīngqīsì	シンチースー
金曜日	Friday	星期五	xīngqīwǔ	シンチーウー
土曜日	Saturday	星期六	xīngqīliù	シンチーリュウ
日曜日	Sunday	星期日	xīngqīrì	シンチーリー
今日	today	今天	jīntiān	ジンティエン
昨日	yesterday	昨天	zuótiān	ツオティエン
明日	tomorrow	明天	míngtiān	ミンティエン
今朝	this morning	今晨	jīnchén	チンチェン
今夜	this evening	今晚	jīnwǎn	チンワン
今週	this week	这星期	zhèxīngqī	チャーシンチー
来週	next week	下星期	xiàxīngqī	シャーシンチー
先週	last week	上星期	shàngxīngqī	シャンシンチー

5 日

日本語	英語	中国語	ピンイン	カナルビ
1日	1st	一 号	yī hào	イー ハオ
2日	2nd	二 号	èr hào	アー ハオ
3日	3rd	三 号	sān hào	サン ハオ
4日	4th	四 号	sì hào	スー ハオ
5日	5th	五 号	wǔ hào	ウー ハオ
6日	6th	六 号	liù hào	リュウ ハオ
7日	7th	七 号	qī hào	チー ハオ
8日	8th	八 号	bā hào	パー ハオ
9日	9th	九 号	jiǔ hào	チュウ ハオ
10日	10th	十 号	shí hào	シー ハオ
11日	11th	十一 号	shíyī hào	シーイー ハオ
1日間	one day	一 天	yì tiān	イー ティエン
2日間	two days	两 天	liǎng tiān	リアン ティエン
日付	date	日期	rìqī	リーチー
毎日	every day	每天	měitiān	メイティエン

6 月

日本語	英語	中国語	ピンイン	カナルビ
1月	January	一月	yīyuè	イーユエ
2月	February	二月	èryuè	アーユエ
3月	March	三月	sānyuè	サンユエ
4月	April	四月	sìyuè	スーユエ
5月	May	五月	wǔyuè	ウーユエ
6月	June	六月	liùyuè	リュウユエ
7月	July	七月	qīyuè	チーユエ
8月	August	八月	bāyuè	パーユエ
9月	September	九月	jiǔyuè	チュウユエ
10月	October	十月	shíyuè	シーユエ
11月	November	十一月	shíyīyuè	シーイーユエ
12月	December	十二月	shí'èryuè	シーアーユエ
今月	this month	这个月	zhègeyuè	チャーガユエ
来月	next month	下个月	xiàgeyuè	シャーガユエ
先月	last month	上个月	shànggeyuè	シャンガユエ

7 主な国名①

日本語	英語	中国語	ピンイン	カナルビ
国家／国	state, country	国家	guójiā	クオチャー
日本	Japan	日本	Rìběn	リーペン
米国	America	美国	Měiguó	メイクオ
中国	China	中国	Zhōngguó	チョングオ
ロシア連邦	Russian Federation	俄罗斯联邦	Éluósī Liánbāng	オールオースーリエンバン
タイ	Thailand	泰国	Tàiguó	タイクオ
ミャンマー	Myanmar	缅甸	Miǎndiàn	ミエンティエン
ラオス	Laos	老挝	Lǎowō	ラオウォー
インドネシア	Indonesia	印尼	Yìnní	インニー
マレーシア	Malaysia	马来西亚	Mǎláixīyà	マーライシーヤー
シンガポール	Singapore	新加坡	Xīnjiāpō	シンチャーポー
カンボジア	Cambodia	柬埔寨	Jiǎnpǔzhài	ジエンプージャイ
フィリピン	Philippines	菲律宾	Fēilǜbīn	フェイリューピン
インド	India	印度	Yìndù	イントゥー
イギリス	United Kingdom	英国	Yīngguó	イングオ

8 主な国名②

日本語	英語	中国語	ピンイン	カナルビ
韓国	South Korea	韩国	Hánguó	ハンクオ
フランス	France	法国	Fǎguó	ファークオ
ドイツ	German	德国	Déguó	トゥークオ
イタリア	Italy	意大利	Yìdàlì	イターリー
カナダ	Canada	加拿大	Jiānádà	チャーナーター
オランダ	Netherlands	荷兰	Hélán	フーラン
スペイン	Spain	西班牙	Xībānyá	シーパンヤー
オーストラリア	Australia	澳大利亚	Àodàlìyà	アオターリーヤー
ニュージーランド	New Zealand	新西兰	Xīnxīlán	シンシーラン
ブラジル	Brasil	巴西	Bāxī	パーシー
アルゼンチン	Argentina	阿根廷	Āgēntíng	アーケンーティン
ペルー	Peru	秘鲁	Mìlǔ	ミールー
オーストリア	Austria	奥地利	Àodìlì	アオティーリー
スイス	Switzerland	瑞士	Ruìshì	ルイシー
ポーランド	Poland	波兰	Bōlán	ポーラン

9 食事①

日本語	英語	中国語	ピンイン	カナルビ
朝食	breakfast	早饭	zǎofàn	ツァオファン
昼食	lunch	午饭	wǔfàn	ウーファン
夕食	supper	晚饭	wǎnfàn	ワンファン
定食	set meal	套餐	tàocān	タオツァン
米	rice	大米	dàmǐ	ターミー
パン	bread	面包	miànbāo	ミエンバオ
トースト	toast	土司	tǔsī	トゥースー
バター	butter	奶油	nǎiyóu	ナイヨウ
チーズ	cheese	干酪	gānlào	カンラオ
ジャム	jam	果酱	guǒjiàng	クオチアン
砂糖	sugar	糖	táng	タン
塩	salt	盐	yán	イエン
酢	vinegar	醋	cù	ツウ
醤油	soy sauce	酱油	jiàngyóu	チアンヨウ
みそ	miso, soybean paste	酱	jiàng	チアン

10 食事②

日本語	英語	中国語	ピンイン	カナルビ
豆腐	tofu, soybean curd	豆腐	dòufu	トウフ
トマトケチャップ	ketchup	番茄酱	fānqiéjiàng	ファンチエチアン
たまご	egg	鸡蛋	jīdàn	チータン
ゆで卵	boiled egg	煮鸡蛋	zhǔjīdàn	ジューチータン
目玉焼き	sunny-side up	荷包蛋	hébāodàn	フーパオタン
卵焼き	fried egg	煎鸡蛋	jiānjīdàn	チエンチータン
魚	fish	鱼	yú	ユィ
貝	shellfish	贝	bèi	ペイ
カキ	oyster	牡蛎	mǔlì	ムーリー
エビ	prawn, shrimp	虾	xiā	シア
カニ	crab	蟹	xiè	シエ
イカ	squid	乌贼	wūzéi	ウーツェイ
タコ	octopus	章鱼	zhāngyú	チャンユィ
ソーセージ	sausage	肠	cháng	チャン
ハム	ham	火腿	huǒtuǐ	フオトゥイ

11 食事③

日本語	英語	中国語	ピンイン	カナルビ
肉	meat	肉	ròu	ロウ
鶏肉	chicken	鸡肉	jīròu	チーロウ
豚肉	pork	猪肉	zhūròu	ヂューロウ
牛肉	beef	牛肉	niúròu	ニュウロウ
アイスクリーム	ice cream	冰淇林	bīngqílín	ピンチーリン
ケーキ	cake	蛋糕	dàngāo	タンカオ
デザート	dessert	甜点	tiándiǎn	ティエンティエン
スープ	soup	汤	tāng	タン
ハンバーガー	hamburger	汉堡包	hànbǎobāo	ハンパオパオ
フライドポテト	french fries	薯条	shǔtiáo	シューティアオ
ホットドッグ	hot dog	热狗	règuǒ	ルーコウ
ステーキ	steak	牛排	niúpái	ニュウパイ
チャーハン	fried rice	炒饭	chǎofàn	チャオファン
ギョーザ	dumpling	饺子	jiǎozi	チャオツ
北京ダック	Peking duck	北京烤鸭	Běijīngkǎoyā	ペイチンカオヤー

12 野菜①

日本語	英語	中国語	ピンイン	カナルビ
きゅうり	cucumber	黄瓜	huángguā	ホアングア
かぼちゃ	pumpkin	南瓜	nánguā	ナングア
さつまいも	sweet potato	红薯	hóngshǔ	ホンシュー
じゃがいも	potato	土豆	tǔdòu	トゥートウ
しょうが	ginger	姜	jiāng	チアン
豆	bean	豆	dòu	トウ
セロリ	celery	芹菜	qíncài	チンツァイ
大根	daikon, radish	萝卜	luóbo	ルオポ
大豆	soybean	大豆	dàdòu	タートウ
たけのこ	bamboo shoot	竹笋	zhúsǔn	ヂュースン
たまねぎ	onion	洋葱	yángcōng	ヤンツォン
胡麻	sesame	芝麻	zhīmá	ジーマー
レンコン	lotus root	藕	ǒu	オーウ
レタス	lettus	莴苣	wōjù	ウォージュー
キャベツ	cabbage	卷心菜	juǎnxīncài	チュアンシンツァイ

13 野菜②

日本語	英語	中国語	ピンイン	カナルビ
とうもろこし	corn	玉米	yùmǐ	ユーミー
トマト	tomato	西红柿	xīhóngshì	シーホンシー
なす	eggplant	茄子	qiézi	チエツ
にら	leek	韭菜	jiǔcài	チュウツァイ
にんじん	carrot	胡萝卜	húluóbo	フールオポ
にんにく	garlic	蒜	suàn	スワン
白菜	Chinese cabbage	白菜	báicài	パイツァイ
ほうれん草	spinach	菠菜	bōcài	ポーツァイ
もやし	soybean sprouts	豆芽	dòuyá	トウヤー
うり	melon	瓜	guā	グア
ねぎ	green onion	葱	cōng	ツォン
とうがらし	red pepper, chili	辣椒	làjiāo	ラーチャオ
ピーマン	green pepper	青椒	qīngjiāo	チンチャオ
ゴーヤ	balsam pear	苦瓜	kǔguā	クーグア
アスパラガス	asparagus	芦笋	lúsǔn	ルースン

14 飲み物

日本語	英語	中国語	ピンイン	カナルビ
水	water	水	shuǐ	シュイ
お湯	hot water	开水	kāishuǐ	カイシュイ
ジュース	juice	果汁	guǒzhī	クオジー
オレンジジュース	orange juice	橙汁	chéngzhī	チョンジー
ミルク	milk	牛奶	niúnǎi	ニュウナイ
コーヒー	coffee	咖啡	kāfēi	カーフェイ
茶	tea	茶	chá	チャー
アイスティー	iced tea	冻茶	dòngchá	トンチャー
ホットティー	hot tea	热茶	rèchá	ルーチャー
お酒	alcoholic drink	酒	jiǔ	チュウ
ビール	beer	啤酒	píjiǔ	ピーチュウ
ソーダ水	soda	汽水	qìshuǐ	チーシュイ
ワイン	wine	葡萄酒	pútaojiǔ	プータオチュウ
ココア	cocoa	可可茶	kěkěchá	クークーチャー
コーラ	Coke	可乐	kělè	クールー

15 色

日本語	英語	中国語	ピンイン	カナルビ
白色	white	白色	báisè	パイスー
黒色	black	黑色	hēisè	ヘイスー
赤色	red	红色	hóngsè	ホンスー
青色	blue	蓝色	lánsè	ランスー
紺色	dark blue	深蓝色	shēnlánsè	シェンランスー
水色	light blue	浅蓝色	qiǎnlánsè	チエンランスー
緑色	green	绿色	lǜsè	ルースー
黄色	yellow	黄色	huángsè	ホワンスー
茶色	brown	棕色	zōngsè	ツォンスー
ピンク色	pink	粉红色	fěnhóngsè	フェンホンスー
オレンジ色	orange	橙色	chéngsè	チョンスー
金色	gold	金色	jīnsè	チンスー
銀色	silver	银色	yínsè	インスー
紫色	purple	紫色	zǐsè	ツースー
灰色	gray	灰色	huīsè	フイスー

16 動物

日本語	英語	中国語	ピンイン	カナルビ
牛	cow, bull	牛	niú	ニュウ
豚	pig	猪	zhū	ヂュー
トラ	tiger	老虎	lǎohǔ	ラオフー
象	elephant	大象	dàxiàng	ターシアン
ライオン	lion	狮子	shīzi	シーツ
犬	dog	狗	gǒu	コウ
猫	cat	猫	māo	マオ
ねずみ	mouse, rat	老鼠	lǎoshǔ	ラオシュー
馬	horse	马	mǎ	マー
ニワトリ	chicken	鸡	jī	チー
アヒル	duck	鸭子	yāzi	ヤーツ
鳥	bird	鸟	niǎo	ニャオ
ウサギ	rabbit	兔子	tùzi	トゥーツ
サル	monkey	猴子	hóuzi	ホウツ
魚	fish	鱼	yú	ユィー

17 スポーツ

日本語	英語	中国語	ピンイン	カナルビ
スポーツ	sport	运动	yùndòng	ユントン
サッカー	soccer	足球	zúqiú	ツーチュウ
水泳	swimming	游泳	yóuyǒng	ヨウヨン
マラソン	marathon	马拉松	mǎlāsōng	マーラーソン
テニス	tennis	网球	wǎngqiú	ワンチュウ
ゴルフ	golf	高尔夫球	gāo'ěrfūqiú	カオアーフーチュウ
バスケットボール	basketball	篮球	lánqiú	ランチュウ
ハンドボール	handball	手球	shǒuqiú	ショウチュウ
バトミントン	badminton	羽毛球	yǔmáoqiú	ユーマオチュウ
ホッケー	hockey	曲棍球	qūgùnqiú	チューグンチュウ
射撃	shooting	射击	shèjī	シャーチー
重量挙げ	weight lifting	举重	jǔzhòng	ジューヂョン
体操	gymnastics	体操	tǐcāo	ティーツァオ
アイススケート	ice skating	滑冰	huábīng	ホアビン
ビリヤード	billiards	台球	táiqiú	タイチュウ

18 自然

日本語	英語	中国語	ピンイン	カナルビ
川	river	河	hé	フー
湖	lake	湖	hú	フウー
海	sea	大海	dàhǎi	ターハイ
海辺	seaside	海边	hǎibiān	ハイピエン
山	mountain	山	shān	シャン
島	island	岛	dǎo	タオ
森	wood, forest	森林	sēnlín	センリン
温泉	hot spring	温泉	wēnquán	ウェンチュアン
空	sky	天空	tiānkōng	ティエンコン
虹	rainbow	彩虹	cǎihóng	ツァイホン
木	tree	树	shù	シュー
草原	field	草原	cǎoyuán	ツァオユアン
石	stone	石头	shítou	シートウ
雲	cloud	云彩	yúncai	ユィンツァイ
滝	waterfall	瀑布	pùbù	プープー

19 乗り物

日本語	英語	中国語	ピンイン	カナルビ
飛行機	airplane	飞机	fēijī	フェイチー
自動車	car	气车	qìchē	チーチャー
バス	bus	巴士	bāshì	パーシー
タクシー	taxi	出租车	chūzūchē	チューツーチャー
オートバイ	motorcycle	摩托车	mótuōchē	モートゥオチャー
船	ship	船	chuán	チュワン
レンタカー	rent-a-car	租赁汽车	zūlìnqìchē	ツーリンチーチャー
運転免許証	driver's license	驾驶执照	jiàshǐzhízhào	チャーシーヂーヂャオ
自転車	bicycle	自行车	zìxíngchē	ツーシンチャー
普通列車	local train	普通列车	pǔtōnglièchē	プートンリエチャー
急行列車	express train	快车	kuàichē	クワイチャー
駅	station	站	zhàn	チャン
切符	ticket	票	piào	ピャオ
片道切符	one-way ticket	单程票	dānchéngpiào	タンチョンピャオ
往復切符	round-trip ticket	双程票	shuāngchéngpiào	シュワンチョンピャオ

20 ホテル

日本語	英語	中国語	ピンイン	カナルビ
ホテル	hotel	饭店	fàndiàn	ファンティエン
部屋	room	屋子	wūzi	ウーツ
バスルーム	bathroom	洗澡间	xǐzǎojiān	シーツァオチエン
トイレ	rest room	厕所	cèsuǒ	ツァースオ
シングルルーム	single room	单人间	dānrénjiān	タンレンチエン
ツインルーム	twin room	双人间	shuāngrénjiān	シュワンレンチエン
ベッド	bed	床	chuáng	チュワン
ツインベッド	twin bed	双人床	shuāngrénchuáng	シュワンレンチュワン
ダブルベッド	double bed	两张床	liǎngzhāngchuáng	リャンヂャンチュワン
ベッドシーツ	sheet	床单	chuángdān	チュワンタン
タオル	towel	毛巾	máojīn	マオチン
トイレット・ペーパー	toilet paper	手纸	shǒuzhǐ	ショウチー
石鹸	soap	香皂	xiāngzào	シアンツァオ
シャンプー	shampoo	洗发水	xǐfàshuǐ	シーファーシュイ
カギ	key	钥匙	yàoshi	ヤオシ

21 お店

日本語	英語	中国語	ピンイン	カナルビ
お店	shop, store	商店	shāngdiàn	シャンティエン
スーパー	supermarket	超市市场	chāoshìshìchǎng	チャオシーシーチャン
デパート	department store	百货商店	bǎihuòshāngdiàn	バイフオシャンティエン
本屋	bookstore	书店	shūdiàn	シューティエン
宝石店	jewelry store	珠宝商	zhūbǎoshāng	ヂューバオシャン
銀行	bank	银行	yínháng	インハン
床屋	barber	理发店	lǐfàdiàn	リーファーティエン
美容院	beauty shop	美容室	měiróngshì	メイロンシー
クリーニング店	laundry	洗衣店	xǐyīdiàn	シーイーティエン
薬屋	drugstore	药店	yàodiàn	ヤオティエン
ガソリンスタンド	gas station	加油站	jiāyóuzhàn	チャーヨウジャン
映画館	movie theater	电影院	diànyǐngyuàn	ディエンインユアン
市場	market	市场	shìchǎng	シーチャン
レストラン	restaurant	餐厅	cāntīng	ツァンティン
喫茶店	coffee shop	咖啡店	kāfēidiàn	カーフェイティエン

22 電気製品

日本語	英語	中国語	ピンイン	カナルビ
電気製品	electric appliances	电器产品	diànqì chǎnpǐn	ティエンチーチャンピン
テレビ	television set	电视机	diànshìjī	ティエンシーチー
ラジオ	radio	收音机	shōuyīnjī	ショウインチー
ファックス	fax machine	传真	chuánzhēn	チュワンチェン
プリンター	printer	打印机	dǎyìnjī	ターインチー
コピー機	copier	复印机	fùyìnjī	フーインチー
冷蔵庫	refrigerator	冰箱	bīngxiāng	ピンシアン
洗濯機	washing-machine	洗衣机	xǐyījī	シーイーチー
掃除機	vacuum cleaner	吸尘机	xīchénjī	シーチェンチー
アイロン	iron	熨斗	yùndǒu	ユントウ
電子レンジ	microwave oven	微波炉	wēibōlú	ウェイポールー
扇風機	electric fan	电风扇	diànfēngshàn	ティエンフォンシャン
エアコン	air conditioner	空调	kōngtiáo	コンティアオ
ドライヤー	dryer	吹风机	chuīfēngjī	チュイフォンチー
シュレッダー	shredder	切纸机	qiēzhǐjī	チエヂーチー

23 果物

日本語	英語	中国語	ピンイン	カナルビ
果物	fruit	水果	shuǐguǒ	シュイクオ
イチゴ	strawberry	草莓	cǎoméi	ツァオメイ
スイカ	watermelon	西瓜	xīguā	シーグア
ドリアン	durian	榴莲	liúlián	リュウリエン
パイナップル	pineapple	菠萝	bōluó	ポールオ
パパイア	papaya	番木瓜	fānmùguā	ファンムーグア
バナナ	banana	香蕉	xiāngjiāo	シアンチャオ
ぶどう	grape	葡萄	pútao	プータオ
マンゴー	mango	芒果	mángguǒ	マンクオ
みかん	orange	橘子	júzi	チューツ
レモン	lemon	柠檬	níngméng	ニンモン
ヤシ	coconut	椰子	yēzi	イエツ
りんご	apple	苹果	píngguǒ	ピンクオ
ライチ	lychee	荔枝	lìzhī	リージー
さくらんぼ	cherry	樱桃	yīngtáo	インタオ

24 職業

日本語	英語	中国語	ピンイン	カナルビ
公務員	government official	公务员	gōngwùyuán	コンウーユアン
警察官	police officer	警方	jǐngfāng	チンファン
教師	teacher	教师	jiàoshī	チャオシー
会社員	company employee	职员	zhíyuán	ヂーユアン
銀行員	bank employee	银行员工	yínhángyuángōng	インハンユアンコン
店員	salesclerk	店员	diànyuán	ティエンユアン
運転手	driver	司机	sījī	スーチー
ビジネスマン	businessperson	企业家	qǐyèjiā	チーイエチャー
主婦	housewife	主妇	zhǔfù	ヂューフー
医師	doctor	医生	yīshēng	イーション
看護師	nurse	护士	hùshi	フーシ
弁護士	lawyer	律师	lùshī	リューシー
作家	writer	作家	zuòjiā	ツオチャー
歌手	singer	歌手	gēshǒu	クーショウ
建築家	architect	建筑家	jiànzhùjiā	チエンヂューチャー

25 主な動詞①

日本語	英語	中国語	ピンイン	カナルビ
行く	go	去	qù	チュー
来る	come	来	lái	ライ
帰る	come back, return	回来	huílái	フイライ
歩く	walk	走	zǒu	ツォウ
走る	run	跑	pǎo	パオ
寝る	sleep	睡	shuì	シュイ
眠る	sleep	睡觉	shuìjiào	シュイチャオ
起きる	get up	起床	qǐchuáng	チーチュアン
食べる	eat	吃	chī	チー
飲む	drink	喝	hē	フー
好む	like	喜欢	xǐhuan	シーホアン
愛する	love	爱	ài	アイ
欲する	want	要	yào	ヤオ
買う	buy	买	mǎi	マイ
売る	sell	卖	mài	マイ

26 主な動詞②

日本語	英語	中国語	ピンイン	カナルビ
話す	speak	说	shuō	シュオ
読む	read	读	dú	トゥー
書く	write	写	xiě	シエ
勉強する	study	学习	xuéxí	シュエシー
見る	look	看	kàn	カン
見える	see	看见	kànjiàn	カンチエン
聞く	listen	听	tīng	ティン
聞こえる	hear	听见	tīngjiàn	ティンチエン
する	do	做	zuò	ツオ
歌う	sing	唱	chàng	チャン
呼ぶ	call	叫	jiào	チャオ
遊ぶ	play	玩	wán	ワン
開ける	open	打开	dǎkāi	ターカイ
閉める	close	关	guān	クアン
終わる	end	结束	jiéshù	チエシュー

27 主な形容詞①

日本語	英語	中国語	ピンイン	カナルビ
良い	good	好	hǎo	ハオ
悪い	bad	坏	huài	ホワイ
暑い	hot	热	rè	ルー
暖かい	warm	暖和	nuǎnhuo	ヌワンフオ
寒い	cold	冷	lěng	ロン
涼しい	cool	凉快	liángkuai	リャンクワイ
おいしい	good	好吃	hǎochī	ハオチー
まずい	not good	难吃	nánchī	ナンチー
甘い	sweet	甜	tián	ティエン
にがい	bitter	苦	kǔ	クー
からい	hot	辣	là	ラー
しょっぱい	salty	咸	xián	シエン
すっぱい	sour	酸	suān	スワン
甘酸っぱい	sweet and sour	酸甜	suāntián	スワンティエン
空腹の	hungry	饿	è	ウー

28 主な形容詞②

日本語	英語	中国語	ピンイン	カナルビ
おなかいっぱい	full	饱	bǎo	パオ
高い(値が)	expensive	贵	guì	クイ
低い(値が)	inexpensive, cheap	低	dī	ティー
高い(背が)	tall	高	gāo	カオ
低い(背が)	short	矮	ǎi	アイ
大きい	big	大	dà	ター
小さい	small	小	xiǎo	シャオ
明るい	light	明亮	míngliàng	ミンリアン
暗い	dark	黑暗	hēi'àn	ヘイアン
良い	good	好	hǎo	ハオ
良くない	not good	不好	bù hǎo	プーハオ
近い	near	近	jìn	チン
暗い	dark	暗	àn	アン
やさしい	easy	容易	róngyì	ロンイー
難しい	difficult	难	nán	ナン

29 主な形容詞③

日本語	英語	中国語	ピンイン	カナルビ
楽しい	happy, joyful	快乐	kuàilè	クワイラー
つまらない	boring	没意思	méi yìsi	メイイース
美しい	beautiful	漂亮	piàoliang	ピアオリアン
ハンサムな	handsome	帅	shuài	シュワイ
かわいい	cute, lovely	可爱	kě'ài	クーアイ
醜い	ugly	难看	nánkàn	ナンカン
清潔な	clean	清洁	qīngjié	チンチエ
汚い	dirty	脏	zāng	ツァン
年取った	old	老的	lǎo de	ラオダ
若い	young	年轻	niánqīng	ニエンチン
長い	long	长	cháng	チャン
短い	short	短	duǎn	トゥアン
重い	heavy	重	zhòng	チョン
軽い	light	轻	qīng	チン
早い	early	早	zǎo	ツァオ

30 主な形容詞④

日本語	英語	中国語	ピンイン	カナルビ
遅い(時刻・時期)	late	晚	wǎn	ワン
速い	quick	快	kuài	クワイ
遅い	slow	慢	màn	マン
新しい	new	新	xīn	シン
古い	old	旧	jiù	チュウ
多い	many, much	多	duō	トゥオー
貧しい	poor	穷	qióng	チオン
金持ちの	rich	有钱的	yǒu qián de	ヨウチエンダ
暇な	free	空闲的	kòngxián de	コンシエンダ
忙しい	busy	忙	máng	マン
広い	wide	宽	kuān	クワン
狭い	narrow	窄	zhǎi	ヂャイ
柔らかい	soft	软	ruǎn	ルアン
堅い	hard	硬	yìng	イン
眠い	sleepy	困	kùn	クン

〈著者紹介〉

船田 秀佳（ふなだ しゅうけい）

1956年岐阜県生まれ。
東京外国語大学外国語学部中国語学科卒業。
カリフォルニア州立大学大学院言語学科修了。
東京外国語大学大学院地域研究研究科修了。
現在、名城大学教授。

【主要著書】
『鍛えチャイナ会話力！これを中国語でどう言うの？』
『英語がわかれば中国語はできる』
『英語で覚える中国語基本単語1000』
『中学英語でペラペラ中国語』
『2週間ですぐに話せる中国語』
『3日間完成中国語検定2級直前チェック』
『3日間完成中国語検定3級直前チェック』
『3日間完成中国語検定4級直前チェック』
『3日間完成中国語検定準4級直前チェック』
『迷わず話せる英会話フレーズ集』（以上、駿河台出版社）

中国語は英語と比べて学ぼう！　初級編

2017年 8月 9日　第1刷発行
2020年 6月11日　第4刷発行

著　者　　船田 秀佳

発行者　　浦　晋亮

発行所　　IBCパブリッシング株式会社
　　　　　〒162-0804 東京都新宿区中里町29番3号 菱秀神楽坂ビル9F
　　　　　Tel. 03-3513-4511 Fax. 03-3513-4512
　　　　　www.ibcpub.co.jp

印刷所　　株式会社シナノパブリッシングプレス
CDプレス　株式会社ケーエヌコーポレーションジャパン

© 船田秀佳 2017

Printed in Japan

落丁本・乱丁本は、小社宛にお送りください。送料小社負担にてお取り替えいたします。
本書の無断複写（コピー）は著作権法上での例外を除き禁じられています。

ISBN978-4-7946-0488-0